U0067093

Catcher

一如《麥田捕手》的主角，
我們站在危險的崖邊，
抓住每一個跑向懸崖的孩子。
Catcher，是對孩子的一生守護。

教育部教學卓越獎、特殊優良教師、全國傑出生物教師

◎陳清圳校長

很難想像
台灣還有這樣一個地方。

無醫村

雲林古坑的華南村，沒有自來水、沒有公車、沒有診所。
生病的老人，得走一個小時的山路才能到公車站。
或者一直忍，忍到隔壁鄰居也生病，才會請一輛計程車，花六百元，一起去看醫生。

奔走．不放棄

陳校長無法眼睜睜看著七、八十歲的老人家，只為了就醫，吃力的爬坡、翻山越嶺……
他爭取設立醫療站，但民營公車拒絕，健保局一開始也漠視。
他投書、奔走、募款、籌設備與器材……
在大家合力「改造」下，終於讓廢棄十多年、雜草叢生的衛生室，成為醫療站。

安心

他改善的不只是當地醫療，他更安了他們的心。
陳校長卻謙卑地說：
「把社區安頓好了，孩子才能專心學習。」

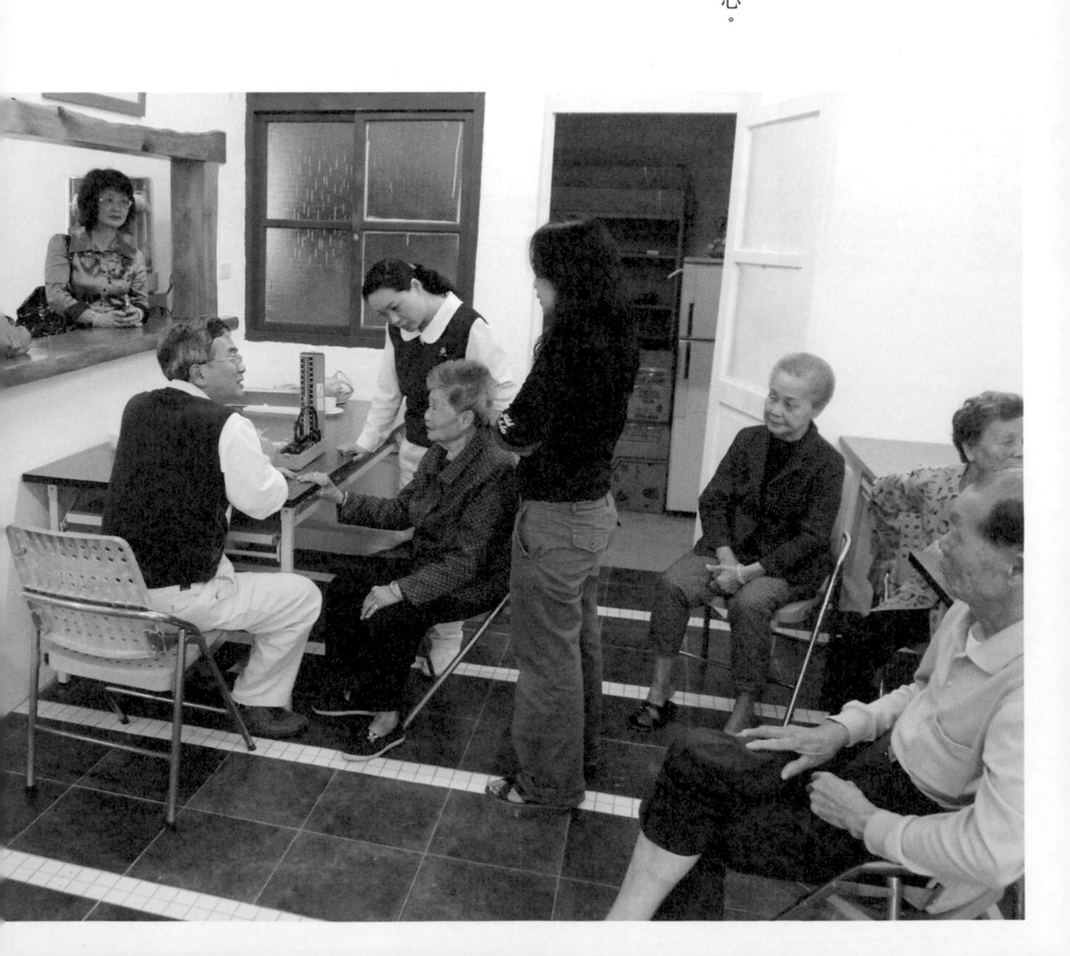

最大膽的第一堂課，
不在教室，不是來自課本

陳校長帶著華南的孩子拜訪社區老人，
了解他們的生活困境，
孩子並與縣府祕書侃侃對談。
從醫療談到交通，從交通談到衛生，
在一問一答的氛圍下，
廖祕書第一次見識到孩子的直率與對問題的執著。

「如果不曾了解、感受這塊土地的美，
孩子又怎麼會捍衛、保護這塊土地？」陳校長說。

一條蜿蜒的橘子長河

陳校長幫罹癌的孩子父親義賣橘子，
因為華南的孩子，一個都不能少。

自掏腰包

陳校長自掏腰包買圍裙與頭巾，
孩子扎實的沖泡咖啡「訓練」，
加上對咖啡的深刻「領悟」，
全國咖啡達人競賽，孩子獲青少年組第二名。
那一場「戰役」，
讓華南至此與咖啡結下不可分割的深緣，
餘韻纏繞至今。

護溪

為搶救料角溪，孩子們動手做簡報，並與居民召開公聽會。
「各位叔叔阿姨伯伯，我是華南國小的學生，
我今天要來告訴大家，我們社區有一條美麗的料角溪……」
一群孩子，催生了「護溪巡守隊」。

鐵馬壯遊
遠征三百公里

胸前衣服掛滿白色結晶，
兩臂與頸後曬傷紅腫，
但沒有人喊苦。

一顆心懸在喉嚨

沒有大人參與，完全由孩子自己規劃交通、行程及服務的「自主服務旅行」，這是華南最特別，卻也最讓華南老師一顆心懸在喉嚨的課程。

「但不這麼放手，孩子又怎麼會了解自己的缺點？我們不能總是美化孩子的成績啊！」陳校長說。

果然，雖然孩子很辛苦，大人很膽戰心驚，但每一回華南的孩子都說：「太值得了！」

登百岳，找回自信

四年級轉到華南的雲豹，三天一吵，五天一架。如今，他是優秀的小隊長，他在戶外找回自信。

SONY

三十通的想家電話

美玲是都市裡轉學過來的孩子。
都市裡的老師對母親說：「一定要讓孩子上安親班。」
她的母親困惑又充滿疑問，孩子一定要過著每天下課再上課，
沒有家庭時光，家，只剩下睡覺功能的生活嗎？

然而，轉學到華南，卻是一段震撼課的開始。
從一爬山，就打三十通的想家電話，到後來終於能自主獨立……

拍自己的紀錄片

美玲將這段在華南所受的震撼課拍成紀錄片，獲得公共電視的公民新聞獎。

在小山村，為孩子而拚搏

在純真笑容背後，
潛藏的是一顆會為孩子的成長落淚，
以及願意為孩子而熱血拚搏的心。

問他為何可以如此義無反顧，
他說，當你看到孩子的改變，
哪怕只有一點點，那真是比什麼都更值得。

他不只改變一群孩子，
他還改變這所小山村的未來！

他們都感動

（依姓名筆劃順序排列）

王世杰（教育部科學指導會委員；台南大學附設小學教師）

李家同（清華大學榮譽教授）

李根政（地球公民基金會執行長）

吳清山（教育部國民及學前教育署署長）

李崇建（作家；台灣青少年教育協進會常務理）

李偉文（親職教養作家）

林玉惠（財團法人華緣教育基金會董事長）

范信賢（國家教育研究院副研究員兼課程及教學研究中心主任）

周聖心（千里步道協會執行長；民間優質校外教學聯盟召集人）

周　儒（台灣師範大學環境教育研究所教授）

徐超斌（南迴醫院發起人；《守護4141個心跳》作者）

徐正能（台灣雲豹股份有限公司總經理）

秦夢群（政治大學教育系教授）

陳安儀（資深媒體人）

張　漢（雲林縣家長協會理事長）

陳藹玲（富邦文教基金會董事）

陳麗珠（高雄師範大學教育系教授）

黃茂在（國家研究院副研究員）

游森棚（台灣師範大學數學系教授）

趙育興（台中市立惠文高中主任）

賴成宏（骨科醫師）

蘇治芬（雲林縣縣長）

嚴長壽（財團法人公益平台文化基金會董事長）

【推薦序二】

沒有不可教的孩子

洪蘭（中央大學認知神經科學研究所所長）

這是一本非常令人感動的書，它只印證了一句話「沒有不可教的孩子」，找到孩子的心，與他對話，孩子就帶起來了。

從書中，我們看到辦教育重要的是軟體，不是硬體：一個快被廢棄的小學，因為來了個有理想、有熱情、有愛心的校長，學校就起死回生了。這校長敢做敢為，勇於把學生的天性帶出來，雖然偏鄉人口還是一直外流，但是家長的眼睛是雪亮的，辦學好時，外地人口不斷遷入，距離從來不是問題，他的學生百分之八十八是轉學生，就像俗語說的「富在深山有遠親」，只要好，人家自己會找上門的。

書中每一個孩子都很可愛，尤其是雲豹，真是讓人心疼。在他假裝強悍的外表下，其實有著一顆非常柔軟的心，看到他替學弟妹背登山包，爬山時殿後，確定沒有人落隊，就很感動。

人的本性是善良的，一開始，他會令老師、同學討厭，其實是後天環境的關係。我們實驗室牆上有一張馬上要出生胎兒的照片，他的臉真的像個天使，安詳的躺在母親的子宮中。我們用這張圖來提醒父母，不要忘記自己教養的責任，一個天使生下來後變成惡魔，這是誰的責任呢？

這些不愛讀書的孩子不是沒有能力，是沒有找到他發揮能力的「nitch」，校長用登山的方式來訓練孩子的毅力，磨練他們的脾氣，真是一個省錢又有效的方法。曾經有個原住民的校長跟我說，他為什麼每一年都規劃好幾次登山活動：「山在那裡不會跑掉，又不必門票；腳本來就長在孩子身上，不要車資；有意志力，腳就會動起來，不必付汽油錢。爬山訓練的是體魄與意志力，我們布農族是獵人，沒有軟腳雞的，最主要是我們走在祖先走過的土地上，它讓我們不忘本，它給我們智慧和勇氣活下去。」

這位原住民校長的話，在書中孩子身上都看到了，一個個桀驁不遜的孩子爬完山回來都改變了，「會當凌絕頂，一覽眾山小」，人是要在大自然中才會謙虛，台灣的山很美，許多人都說百登不厭，在登山的過程中，孩子學會了互助、包容與分享。尤其校長要學生先做功課、先跑操場鍛練身體，再學習山上的植物、動物知識，到野外去印證。這種在大自然情境中所學到的東西是不會忘的。

在爬山攻頂的過程中，也展現出每個孩子的不同性格和人性好的一面，老師若能在教室中看到學生互助，大的照顧小的，把走不動的同學又拉又扯的推上山頭，應該會相當感動，那個「愛的小手」可能就打不下去了。

書中有非常多的地方可以做老師教學的典範，例如校長帶孩子去溯溪。台灣是海島，但是我們的孩子大部分不會游泳，就是會游，也不懂得放鬆、享受。我們都有恐水症，從小父母耳提面命不准近水，但越是這樣，越會有孩子溺水。對於生活周邊每天會碰到的東西不可以懼怕，要去了解它、克服它，這才是生存之道。中國人說「靠山吃山，靠海吃海」，山上的人要會打獵，海邊的人要會捕魚，島民不會游泳是說不過去的。

書中講到漩渦就讓我非常感慨。我有一個好朋友，十六歲時溺死在碧潭的漩渦中，當時若有水中求生的知識，他就不會淹死。校長說一般人遇到漩渦往往會緊張想站起來，這是一個本能反應，但是一起身，身體反而下沈，因此正確的方法是讓身體保持仰躺的姿勢，在迴轉中，等另一波水流來時，順勢被帶離漩渦，因為這違反本性，所以一定要經過訓練才能恰當反應，安然逃生。

要讓孩子避免危險，必須讓孩子從危險中學習自救與脫困，才是正道，一味強調避免，忘記了颱風與地震是避不開的。台灣在地震帶上，如何避得開？只有了解它，才能適應它，做出正確判斷去避免損害。反問我們自己在地震帶生活了幾十年，我們有好好的了解地震和颱風嗎？為什麼每次大颱風前都有人去登山？難道不知風的威力？

校長要每個孩子在開始任何活動前，都要先做足功課，訪問前先收集資料，不可以浪費被訪者的時間。看到這一段我很感慨，曾經有個以新聞系著名的國立大學新聞系學生來訪問我，第一句是：「什麼是認知心理學？」我吃了一驚，反問她：「你說呢？」她搖搖頭說：「我不知道。」我只好結束訪問。

她沒有先做功課，這樣的採訪會失真，寫出錯誤的訊息，比不寫還糟糕，這些大學生真是不及小學生用功。

校長透過戶外教學讓孩子對學習產生動機，他說一旦渴望的種子在孩子心中發了芽，他們學習的自主性就會更加強烈，孩子冷漠是因為我們沒有讓他們參與，走過了阿朗壹古道的孩子對環保就有概念，就會站在屏東縣政府前面大聲疾呼：「失去了阿朗壹古道，台灣不只是失去了一般美麗的海岸，我們將失去對土地永恆的價值！」這種話從六年級小學生口中出來，多麼令人震撼。

看完了這本書，還是那句話：真是沒有不可教的孩子，教不會他，那是你不會教。這位校長是所有校長的楷模。

【推薦序二】不停歇的飛壘仔（註）

周麗蘭（中國時報特派記者）

阿圳有三個小故事，我印象深刻。

第一個故事是他小四那年老師教躲避球。他說：「老師要求大家注意聽，說他不講第二次。老師說：『最重要的是，接到球雙腳不—能—移—動！』結果，我接到第一球，明明知道雙腳不能動，卻還是忍不住往後退三步。」

那三步的後果是老師走到他面前，當場賞他四個巴掌。事隔三十年，阿圳講起這件事，滿臉熱熱辣辣的樣子，彷彿四個巴掌又落在他臉上，他「肯！」了一聲說，哪有小孩子不犯錯的！

第二個故事是他國中時如下地獄的體育課，「體育老師綽號土牛，要學生赤腳跑馬拉松，他自己卻騎腳踏車在後面追趕，手上拿著籐條，被他追上的就打，那天只要有體育課，一大早氣氛就很不好。」

他講「土牛」二字時，先是加重語氣，接著嗤之以鼻，好像剛從土牛的鞭子逃過一劫。

第三個故事是他最近參加大學同學會。人生不相見，動如參與商，再見時同學們熱烈討論退休之事。「我有點沮喪，二十年前我那群矢志要把滿腔熱血奉獻給教育現場的同學去哪了？」

阿圳本來就是個有血有肉的老師，可能是小時候求學的可怕印象，讓他想當個體諒學生、耕耘學生的老師，實踐之道就是書中的這些。他像一輛不熄火的耕耘機，不斷播種、耕耘、收割下去。

十五年前因為採訪工作緣故，認識陳清圳，那時他剛從台北市返鄉，在斗南鎮一所小學任教不久。老兄他除了熱愛教書，也關切生態與環保。據他太太郁杏轉述，兩人談戀愛時就是邊爬山邊觀察生態。

陳清圳聲音低沉，有一張顴骨高聳、眼窩下凹的臉，一張很容易讓大人、小孩專注聆聽的臉，也可說是個天生的演說者（老師）。

陳清圳課餘擔任雲林縣野鳥學會的幹部，參與鳥會之後，又研究諸羅樹蛙、辦蛙營，牽線讓台北市立動物園與古坑鄉的筍農合作。贊助筍農五年不廢筍園、不用農藥，為諸羅樹蛙留一塊棲地。

他不只教書認真，汲取與傳遞知識的態度也像飛壘仔——攻讀靜宜大學生態研究所，成為陳玉峰的學生、擔任教育部課程諮詢教師、雲林縣環評委員、台灣生態學會雲林工作站主任，他仗義直言的態度有幾分「林杰樑」，不少記者同業遇到環保議題都會打電話給他。

七年前，雲林縣已有一半學校以上都是百人以下，縣府原本有意裁併迷你小校，後來緊急煞車，改推「小校優質轉型計畫」，不過優質的概念並不明確，只能且戰且走，對教育有滿腔熱血的阿圳被派任到華南國小代理校長，這本書就是這七年來真實的故事。

阿圳這幾年臉部線條較柔和，笑起來就看不見眼睛，可能與他在華南實現教育夢想有關。人總是有得有失，由於校務繁忙，「終於」在他代理的第六年，積分夠了，考上校長，他成為正式校長後，沒棄華南而去，繼續在這所小校耕耘。一群山下家長慕名把孩子送來，全校八成學生都是轉來的。

今年他再被交付重任，兼任雲林縣第一所生態學校——樟湖中小學的第一任校長。

他在華南幹的諸多好事，書中有精采、笑中帶淚的描述，雖然字數多了點，但每一個轉折都值得細看。當開路先鋒不是容易的事，阿圳篳路藍縷在雲林縣傳統教育中，開出一條介於正規小學與森林小學的一條路。

說幾個課程背後不為人知的小故事。

華南國小最「找碴」的課程之一是山野教育。七年來，陳清圳每一年都帶學生爬百岳，他一面關照學生的安全，一面擔任解說員，孩子們邊爬邊研究。其實，再踏上登山之路對阿圳是不小的挑戰，大學時他曾被從山上背下來，而停止爬山多年。

爬山是很好鍛鍊心智的方法，能激發毅力、決心、相互支持的超我展現，我曾跟著華南國小學生爬過幾次，爬到腿快斷了、快熱死了，體會到阿圳為何要帶學生爬山——生命的意義在於超越自己。

阿圳的左嘴角有一個疤，也是他教學時的戰利品。有一次，他帶學生溯溪，識途老馬的他居然跌跤撞上石頭，頓時把溪水給染紅，他自己與學生都獲得「血淋淋」的教訓，不要太過自信。

這幾年，雲林縣的小學打開藩籬，走入社區，華南國小是先驅之一。陳清圳到華南的第一年就讓學生做調查研究。我覺得，華南國小這幾年的「走讀教育」能發揮作用，是因為有扎實的邏輯基礎，不是漫無目的玩耍。戶外課程與學科知識互相印證。

阿圳很能站在對方立場想，他不怕問題學生，越有問題，他越要引導。書中，可看到他怎麼馴服這些停不下來的靈魂，最後像小王子與狐狸一樣。他一人飾三角，是傳道、授業、解惑的老師，是威嚴的父親，也是孩子們的學習夥伴。

有一回，他為幾個「特別」的小孩安排爬能高越嶺，找來兩個山友一起帶隊，結果山上前一晚雨下得很大，路上泥濘得不得了，十三公里漫漫長路，小孩很快就不行了，半途說不爬了、放棄了。阿圳給了最弱的學生兩支登山杖，陪著慢慢走，慢慢走。

師生間的革命情感，在這所小校很容易產生。

雖然要做的事情很多，陳清圳不急躁、不激進，也不怕變數，打從心底接納變動，隨時準備接招，孩子犯錯就是教育的機會。我常想，他小四挨的那四巴掌真值得，影響了他，也造福了他接觸過的每一個孩子，他以當一個正確的老師彌補那年的委屈。

阿圳的眼裡沒有尊卑貴賤，家長、村民有問題都能找他談，這幾年他幫癌爸家長賣橘子、揪團買單親媽媽的水餃、發起護溪與山林祭典行動……去年他被社區居民推舉為「社區總幹事」，社區成果發表會那天，還有阿婆詢問能否搭他順風車下山。

阿圳不是熱血，是築夢踏實。

這七年並非一路順風，陳清圳代理華南國小校長居滿三年時，曾被網路流言霸凌過，大抵說他憑什麼靠特權賴著不走，想當校長就憑實力去考之類。

當時我發給他一封電郵打氣，「我們會老去，身形佝僂，滿臉皺紋，再過幾個十九年，將闔眼向世界告別，那時我們能否安心？還是遺憾沒有為後人做點事。如果現在因為躊躇而退縮，年老時一定會捶心肝。

倘若你有一點點同感，希望你在你的教育專業上繼續打拚，老天爺一定會給你安排道路，讓更多初來乍到這個世界的小朋友們有一個正確認識世界的角度。」

我相信這本書只是陳清圳教學生涯的一個逗點，還有更多驚嘆號等著他這部飛壘仔創造，先給阿圳一個擊掌——好樣的！你真的做到了。

註：飛壘仔為耕耘機的台語名稱。

【推薦序三】

感動我的校長

鄭文堂（導演）

我是一個在迷迷糊糊中長大的人，小學讀了六年，我並不知道校園裡有一個叫做「校長」的人物。一直到上了國中，擁有這種稱呼的人才進入我的腦袋，一個會在升旗典禮的講台上講很多話的人，而這個人所說的話全部都跟我沒有關係，所以不管他講多久都無所謂，因為那個時候的我正值幻想年紀，他在台上講他的長篇大論，我站在台下的隊伍裡，任由我的腦波神遊飄浮；學校福利社油油的菜包、林場肉羹麵淋一湯匙辣椒醬、羅東夜市的雪花冰裡面，有那個煮得剛剛好入口的大花豆……有時候實在是想得太入神，口水還不受控制留下來牽線如絲，惹旁邊的女同學心疼地竊笑，真是又糗又開心哩。

現在想起來，如果那個時候的校長在升旗台上多講一點地方的美食料理經驗，也許台下的小孩子會聽得津津有味吧！如果他可以更佛心一點，現場發個炭烤鹹酥餅給所有同學嘗嘗，校長給小孩子的印象一定會加分百倍！可惜我的校長沒有給我好吃的餅，卻賞我一個莫名其妙的肉包子，這也是我人生經驗中第一次接觸「校長」！

國中二年級時，我讀的是所謂的升學班，教室在學校二樓最安靜的角落，我們這一班可是代表未來學校的面子，是當年升學主義的指標股，所以秩序被要求得特別嚴格。

那一天下午自習課，班長突然表示要來討論下一次郊遊的地點，班上因此開始熱烈討論，整個空間鬧哄哄，還有同學拍桌搶話。當時我對這議題完全沒興趣，於是就趴在桌上繼續我的美食大夢。沒多久，在半夢半醒之間，我只模糊聽到有人喊：「校長來了。」現場突然瞬間安靜下來，我想沒我的事，就照常睡我的覺。結果下一秒，我的右耳被一隻大手狠狠抓住。他把我從桌面上提了起來，我的口水還掛在臉頰上，桌面還濕濕的一小片。他抓著我的耳朵，像在宣告抓到一隻損害農作物的老鼠。他的口水噴到我臉上，喊著：「自習課還敢睡覺！」他的大手握成拳頭，朝我的兩眼中間，就是我長相裡唯一值得炫耀的鼻子上端，重重的擊過來。

我眼前頓時黑成一片，紅色的血滴在校服上。我的美食夢飛了，自尊心也當場死亡，如那隻被當眾處決的老鼠。這就是我跟被稱呼為「校長」的權威人物交手的初體驗。這個事件之後，讓我對於學校的規定開始反抗，我對於站在講台上的權威人物都帶著質疑，說起來影響真的是巨大。

我在二〇〇七年因為拍攝紀錄片而結識陳清圳校長，也因為拍片的需要，我看到了這個「校長」的工作內容，我有被感動到！他並沒有什麼偉大，他只是做了把威權的身分努力拿掉這件事情而已，不是對我，而是對待他學校的學生們。

他會跟四年級的學生辯論咖啡豆烘焙的好壞，他可以跟三年級學生的一起修補腳踏車輪胎，有時候他會耍脾氣對學生說：「你那麼厲害，就讓你自己去弄。」偶爾他也會認輸，因為學生對咖啡豆真的比他懂。

他帶學生騎腳踏車環島、他把學校的衛生室改成社區的醫療站，每個星期固定時間請醫生來，還要想辦法把社區的老人用車子載來學校看病，這些行動都會讓學校變得更有趣，其中最重要的，也是他跟學生一起認識台灣，一起解決問題，也一起成長。

我認為這位校長，就是那種可以在講台上跟學生談雲林美食的校長，他只是還沒學會料理的竅門，否則他可能會請阿基師來講課，然後學校操場的周圍都會開始種起蔬菜來，韭菜、菠菜、芥菜、花椰菜……既美觀又經濟，還可以兼著上有機課程的實地教學，他的心裡一定會認為這個點子真是太棒了！（我又在做我的美食大夢了，唉。）

我想，對於陳清圳校長來說，只要對學生有用的，他都會想辦法帶著學生一起去做，因為這個校長說過：「任何一個教育現場，都是師生共同學習的場域。」

誠摯推薦陳校長這本令人感動的書。

一雙手都不能放
——力挽狂瀾的陳清圳校長

目錄

一雙手都不能放
——力挽狂瀾的陳清圳校長

卷二　單車課程

卷三　百岳攀爬

目錄

【序曲】

一個人獨自往山裡走

阿淦說的這幾句話，就像一把朝我心口射來的利箭，完完全全擊中了我的要害。

二〇〇六年初，我在雲林縣的一所平地小學教書，學校正好辦理小校裁併校會議。有別於其他研習活動，來參加的人，每個人臉上都擺著嚴肅的神情，似乎風雨欲來滿雲翳。

小校裁併，多陌生的名詞。自從我開始教書，從來沒有思考過這回事。當初踏入杏壇時立下的志願：我要到新學校教書，更要到大學校待過，最重要的是，我一定要到偏遠地區的小學校執掌教鞭。

去新學校可以讓我學習文化的形成，到大學校可以清楚制度的重要性，而要實踐教育的理想性，一定要到小學校，尤其是偏遠地區的小學校，而且在小學校裡，還有一種說不出來的獨特味道。

前兩個志願，在我回雲林時已經完成，而這次回鄉前，我一度在雲林山區找學校，但出乎我意料，雲林山區的小學校都沒缺。那年我填進都會區一所大學校，並且開始在雲林的教書生涯。

一所學校最重要的是什麼？

恍恍惚惚的過了七、八年，這段日子與很多的環保界朋友，方興未艾的從事各種環運，但一再的受挫，讓心情有些低落，甚至對於被破壞的環境現場，我都有一種無法再去看、不想再去看的悲傷心情。也因此，在教育的現場，更深化我對於公民意識培養的教育信念。

「喂！清圳。」一位以前退休的老師，正擔任縣長室的祕書，喊著我的名字。

我停步轉身看過去，「哦！原來是世冠。」我微笑回答。

「我跟你介紹，這位是陳振淦，目前也在縣長室擔任機要祕書。」

「叫我阿淦就好。」一位光頭、蓄有小鬍子的人趨前跟我握手。

我不經意的打量對方，阿淦身體結實壯碩，微眯的雙眼，炯炯有神。

世冠介紹阿淦之前在全人中學當副校長，因縣長要借重他，所以找他來協助。

約莫過了一個月，晚上九點多，我接到一通陌生的電話。

「清圳，我是阿淦，你還記得嗎？在你們學校校長室碰過面。我現在正在麥寮楊厝分班，和一些人談有關小校裁併的事情，你有空嗎？我想找你聊聊這個議題。」

「好啊！如果可以，等一下在斗南的咖啡店碰面。」我建議對方。

「好，那就在斗南。」阿淦回答。

我穿好衣服，開車穿梭在冷清的夜裡，依約前往會面的地方。看到對方的身影，彼此坐定後，阿淦開門見山地問我。

「你認為一所學校最重要的事情是什麼？」

「課程，一個優質的課程。」我不假思索地回答。

「那你認為要推動課程，最重要的關鍵是什麼？」阿淦繼續追問。

「這問題有點大，而且牽涉的層面有點廣。」我端起咖啡喝了一口。

「重點是，**校長要有課程觀；教師要有熱忱、要有轉化能力，然後觀念必須開放，要隨時能夠反省**。」我說了一大串。

「你講這些我知道，但這在九年一貫課程改革時，不是就已經在推動了？」阿淦用質問的語氣問我。

「是，沒錯，但學校根本沒有改變；所以縣政府要有好的政策和推動策略，如果沒有綿密的計畫，如果沒有合適推動的步驟，只是辦辦研習，那沒有用的。」我滔滔不絕的說了一大串。

「嗯！」阿淦輕輕地回應。

「更進一步的說，我從來沒有看到學校有壓力。學校沒有危機，改革就不可能成功。」我用堅定的語氣說著。

「我覺得你講得對，但可不可以請你更進一步談課程？」阿淦繼續問。

「我覺得**課程要能夠看到孩子的需要，用合適的教材和方法，去完成設定的目標。**」我回答。

「但是要讓老師有這樣的能力，一定要有輔導團隊長期輔導。」說到這裡時，我稍微停頓。

「你知道縣政府正在處理裁併校問題嗎？」阿淦問。

「我聽世冠提過。」我回答。

「縣長上任後，接續之前的政策，必須處理小校的問題，而她也親自去了解偏遠地區小校的各種狀況。縣長覺得偏遠學校條件差，文化刺激不足，擔心他們沒有競爭力，因此，同意教育局研擬的小校裁併政策……」阿淦邊解釋邊顯露出他的擔憂。

「但是，我覺得偏遠學校不宜輕廢，它可能會衍生太多預想不到的後遺症。文化不利，我們應該設法增加刺激。至於資源不足和競爭力，要看偏鄉的優勢在哪裡，而不是跟著都市主流價值後頭走。這樣，人不會有自信……」

聽著阿淦的分析，我認同地點點頭，也看到他心思的細膩和對教育理想的堅持。我才覺得慢慢進入狀況，沒想到阿淦話鋒一轉：「你有沒有興趣上山去試試？這些學校必須有新的人去帶，才有可能提升學校效能和教學品質。只要學校品質提升，學生自信建立起來，學校就有機會保留下來。」

對這突如其來的邀約，我一時不知如何回應。

「你不用急著決定，先回去想想看。」

小校裁併，其實我了解的不多，在與阿淦晤談後，我發現被裁併的學校主要原因是學生人數過少，加上監察院給教育部的壓力，各縣市政府才會進一步去處理一百人以下的學校。

但裁併不應該只看到學生人數，進一步來說，包含學生上學的距離、交通便利性、學生受教品質、社區對學校的依賴性等，都是應該要被考量進去的。在這點上，我的看法和阿淦不謀而合。

對於弱勢，我有一種不能不管的性格

約莫一個月的時間後，我再度接到阿淦的電話。他問我，考慮得如何。

我婉拒了他的邀約。因為我除了固定往返台北，從事課程的研發工作，也正擔任ＮＧＯ（非政府組織）的理事長，事務繁重，因而除了教學研究外，也忙著各種議題的參與和研究，我實在無暇他顧。

阿淦沒有放棄，他希望我再考慮。之後我們交換了一些對於教育的想法，直到了鳳凰花開，我正在籌畫畢業典禮時，阿淦又打電話來。

「你決定了沒有？」阿淦有點焦急的問。

「這件事，我原來任教的僑真國小家長有點意見耶。」我有點遲疑地回答。

「但現在已經到了必須做決定的時候。我要強調，小校優質轉型只許成功，不能失敗。我覺得我們一起合作，有可能改變小校和偏鄉的命運。」阿淦有點焦急，但卻堅定地再次向我招手。

「可是……」一向在環運現場抉擇明快的我，竟然有種支吾、難以應對的窘境。

其實面對縣府的邀約，我心裡同時期待，卻又懷抱著遲疑。期待的是，若是這次縣府的轉型成功，當然可以為教育現場注入一股清新的活力，也可以逐步實踐當前國家最重要的公民意識。但有疑慮的是，所有的步驟與策略都必須自己去摸索，縣府支持的力道到底可以走多久，或最終只是曇花一現，誰也沒有把握。

見我略有遲疑，阿淦乘勝追擊地對我說：「我知道你一直關心環境和社會議題，但是你看到這些學校要被裁併，你覺得都無關緊要嗎？那你談的社會正義、弱勢關懷，還不都是假的？」

這幾句話，就像一把朝我心口射來的利箭，完完全全擊中了我的要害。對於弱勢議題，我打從內心有一種不能不管的性格。面對朋友的話語，我頓時語塞，無法回答。

幾十年來，每一次看到環境破壞、動物傷亡、社會不公義的事情，我總是會心生惻隱之心，想辦法去協助。或許是和我小時候常在野外遊玩有關，那時，無論大樹下、溪流旁、田野間，都有我的身影，我常和遊伴褲頭繫著一把木劍，到處「行俠仗義」。

記得小學三年級的我，第一次看到農民使用農藥噴灑稻田，毒水流入圳溝，竟然讓水裡的魚蝦、青蛙、鳥類全部都死光，那震撼的場景，足足讓我傷心一個星期，之後，我和朋友偷偷到他們家的果園去「吃水果」報復。

之後我再也無法下到水裡去捕捉魚蝦；而這類的事，悄悄在我心裡發酵成一種憤慨，這種憤慨隨著歲月增長，並未絲毫退卻與抹滅，後來念高中、讀大學，我都偷偷跑去參加學生運動，等回到宿舍後，再假裝若無其事，只因那是保守的年代。

「好吧！我答應你，但是我有一個建議。」當我這麼說時，我同時心裡在吶喊，我實在分身乏術啊。

「你不是說古坑有三所學校面臨裁併？我建議再找兩個人一起上山，用策略聯盟的方式，一起經營學校？」

「哦！策略聯盟？很好的想法！你有推薦人嗎？」阿淦問。

「我想找……李政勳和廖宏彬兩個人一起去，可以嗎？」我試探地建議。

「但是，如果他們兩人拒絕，那我也不去了！」我一鼓作氣，把前提說了出來。

「好！改天找他們一起談一談，我們盡速把這件事情確定。」阿淦下了結論。

掛上電話，我心中起了一陣巨大的懊悔，那就像是因為婉拒，卻又將另外兩人拖下水的窘境。我該怎麼辦呢？旋即我拿起電話，聯絡李政勳和廖宏彬兩人。我將來龍去脈告訴他們，既表達我的歉意，也說明事情的嚴重性，更請他們兩人在聚會中，慎重考慮這份邀約。

對於兩位好友，我內心盤算他們應該沒有這份勇氣，也會有很多顧慮，因此放心不少。

相隔沒幾天，我們約在古坑的山裡。寧靜的氛圍，讓人放鬆不少心情。簡單寒暄後，阿淦開始對著李政勳和廖宏彬敘說事情的始末，也誠摯地邀請他們一起為教育打拚。

我低頭吃著飯，但就像在數著飯粒般，我心裡仍百般被牽掛著。

突然間，不知道是不是氣氛太好，還是阿淦太能言善道，這兩個夥伴從一開始的遲疑，到最後竟然答應了邀約。頓時，我愣在現場，尷尬得一句話都說不出來。

在眾人「不祝福」與「勸阻」下，我獨自往山裡走

一場無法轉圜的革命，已準備好上演。我不僅要調適好自己的心境和工作，同時也要去說服周遭的親朋好友。

在保守的社會氛圍下，從事教職者大都希望工作地點離家近，未來如果可以，也希望能考主任、當校長，然後調到離家近的大學校，以光宗耀祖，彩耀門楣。

但，命運顯然要我往一個完全相反的方向進去。

就這樣，我在眾人的「不祝福」與「勸阻」下，一個人獨自往山裡走，踏進了華南國小，也開啟我在華南國小的日子。

卷一

打開學校大門，走入社區

大膽的第一堂課

我從孩子的筆記本和照片中看出來，社區老化確實很嚴重。而老人面對的生活困境，看得我怵目驚心。

華南至今沒有公車、沒有自來水

踏進華南，沒有一般電影或小說情節的浪漫：「一個人背著背包，獨自來到山上」，整個暑假，我都在社區和學校走動，畢竟我的第一堂課，是要學習成為道地的華南人。

華南，這個日治時代以後的名稱。它涵蓋幾個聚落，而且大部分分布在山谷凹地。從擔水坑、翻馬坑、菜公坑、坪頂、倒孔山、橫路、枋寮……等名稱，可以想像華南是一個崎嶇不平的山中村落。因此，往來交通不太便利，到現在仍然沒有公車往返、沒有自來水供應，也因為生活機能不便，大部分的年輕人都往都市集中，留下來的普遍是超過七十歲以上的老人家，因此，華南國小在我到任時，全校只有二十四位學生。

哇！全校二十四位學生，乍聽之下，讓我打從內心雀躍起來。因為一個班級平均只有四個學生，如果好好地帶這些孩子，不僅可以細膩照顧到每個孩子，還能實踐「因材施教」的目標。

但是我仔細一想，再過幾年，學生數會不會下降到個位數？果不其然，我去查閱鄉公所的資料，發現再過六年，全校會只剩九個人，這樣下去，學校豈不是會斷送在我手上？難怪這個燙手山芋，沒人想接。話說李、廖兩位夥伴分別去了草嶺和樟湖，說巧不巧，他們的學生數也都是二十四位，正好是全縣最小的學校。

開學前，學校又轉走一位學生，這差點讓我哭了出來。

因為每逢開學日，媒體都會調查哪一所學校的學生數最少、新生數最低。正如預測，甫開學，媒體紛湧而至，隔日的報紙讓學校成為地方的焦點。這壓力幾乎讓人喘不過氣來，不過我心裡早有計畫，心想正好透過這股力量，著手進行學校的第一堂課。

華南的孩子，青澀的臉龐中帶有一種純真與活力，卻也有一些靦腆的退縮。

在我走訪台灣各地，參訪無數學校的經驗裡，在山林裡長大的孩子應該是活潑，有活力，充滿朝氣，華南的孩子確實也擁有這樣的特質，只不過不敢面對群眾、表達上也略顯困難。這不是孩子不夠聰明，而是少了和社會的接觸與文化的刺激不足所造成。

那是開學後第二週的清晨，陽光從鳳凰木灑瀉下來，我正陪著六年級的孩子在校門口掃地。一位阿公駝著背，帶著一隻狗，腰際插著兩支筍刀，步履蹣跚的經過校門口，朝山下走去。

「校長，阿公為什麼每天都要往山下走？」麗均開口問我。

「我也不知道，阿公每天都經過這裡嗎？」我反問。

「對啊，而且阿公旁邊都跟著一隻狗。」瑜重搶著回答。

「對、對，那隻狗我們都叫牠『古錐』。」麗均跟著回應。

「那隻狗叫『古錐』？好有趣的名字。那你們知道阿公去哪裡嗎？」我繼續追問下去。

「嗯，不知道耶！我們只知道阿公每天都要往山下走。」瑜重一面掃地，一面說。

「那你們可不可以去打聽一下，阿公叫什麼名字？他每天去哪裡？家住哪裡？」我提出問題。

給孩子的第一份作業，不在教室，沒有書本

就這樣，我拋給孩子第一份作業。

這是我和孩子第一次深刻的互動，不在教室、沒有書本，就在生活對話中。

第二天，孩子跑來找我。我看著孩子喜悅的眼神，我知道孩子做了功課。

阿公與古錐。

「校長，我告訴你，阿公的名字叫林石定。他住在枋寮，家裡只有他一個人，所以他的子女幫他請了看護來照顧他。他現在九十歲，每天都到山下的筍園割竹筍。」麗均滔滔不絕的講了一大串。

「只有阿公一個人住？」我自言自語。

「對啊，只有阿公一個人住，這是護士阿姨跟我講的。」麗均天真無邪的說著。

「哦，所以你們去問了護士阿姨？」我微笑的問。

「嗯，而且我們老師也知道。」麗均繼續回應。

「好棒，你們實在太厲害了，一天就完成了問題。」我鼓勵他們。

「對了，除了林石定阿公外，我們社區是不是也有其他老人，他們的生活是什麼樣子，校長剛來這裡，對社區還不太了解，你們可不可以去了解一下？也請你們老師跟你們一起去研究，可以嗎？」我提出更進一步的要求。

「研究？什麼研究？」明義看著我，一臉疑惑。

「我這邊有一個活動計畫。我們一起來研究社區的老人，你們覺得呢？」我更大膽提出要求。

孩子的臉孔露出興奮的表情。我知道在我的鼓勵之後，孩子的好奇心被挑起來了。

回到教室後，老師馬上來找我，我將我的想法講給老師聽，老師原本不太樂意，但在我半鼓勵、半要求下，最後終於答應了。

當然我也跟老師說明，我會陪著他們一起進行，不會讓他們單打獨鬥。

會邀請老師一起加入，是希望老師能很細膩的去鋪陳課程，教學可以很生活化，這樣，孩子學到的會更深刻。

當然，對老師提出要求時，我也有心理準備。我可能會遇到冷漠的老師，連回答都不回答我，我也有可能遇到暴躁的老師，一句話就把我頂得啞口無言，或者遇到怕事的老師，那麼，故事更不可能走得下去。

結果，我們的第一堂課就在社區開展，過程超乎預期的順利。

孩子訪問社區的老人家

老師和孩子為了了解社區有哪些老人家，在校護的建議下，他們找到了村幹事，從他那邊拿到社區居民的資料。

孩子一一去拜會這些居民，並針對七十歲以上的老人家，逐一記錄他們的食衣住行。

我也跟著孩子去訪談。隨著紀錄越完整，我可以感受到孩子們的喜悅，至少他們可以在社區到處走動，而不用整天侷限在教室裡。

研究到了某一階段，孩子主動跑來跟我討論。

我從他們的筆記本和照片中看出來，社區老化確實很嚴重。老人家外出採買不方便，都是靠菜車採購，因此通常煮一餐就吃三餐；沒有自來水，就只好使用長青苔的山泉水煮飯；老人家生病時更需要走一小時的路，才能到達最近的站牌。

這些匪夷所思的情景，看得我怵目驚心。

我從都市來，從來沒有看過這番情景。我也暗自提醒，不能將平地的思維和習性帶到山上來，但孩子的調查讓我上了一課，一堂道道地地華南的震撼課。

「校長，阿公他們很可憐！」婉玲忍不住說著。

「嗯，那怎麼辦？」我想刺激孩子思考，甚至培養他們進一步解決問題的能力。

「交通不方便，吃的也不方便，水也不乾淨！我們政府到底有沒有在照顧這些老人家？」阿志憤憤不平。

「校長，這是誰負責的？」麗均問。

「嗯，好像有很多單位負責……公車是交通局，看診是健保局，飲食送餐應該是社會局的業務。」我念出一大串。

「那……我們去找縣長好啦，這些不都是縣長管的？」麗均大聲說。

「是啊，有一部分是縣長管的。」我沒好氣地回答。

「校長，你幫我們安排一下，我們去訪問一下縣長好嗎？」麗均是六年級學生中最大膽的一位。

「好！」我也被孩子激發出熱血了。

事情發展下來，我必須去安排縣長，接受訪談，但要怎麼找縣長？這確實有點難度。

過了兩天，老師跑來找我，問我跟縣長約好時間了沒有，因為孩子已經擬好問題。哇！孩子這麼有行動力，我意外又開心，我馬上打電話給縣長祕書。祕書問明來意後，提到縣長近日很忙，恐怕沒有時間接受邀約。

對這答案，我不驚訝，但想起孩子們的臉龐，想起山上的老人家們，那讓每個現代都市人都難以想像的生活窘境。

縣府祕書與孩子對談

我進一步跟祕書要求，能不能請他代表縣府，接受孩子們的訪談，不然孩子一定會很失落。

祕書答應了，我「終於」敲定這場訪問，我們帶著華南的孩子前往縣政府。這是孩子的第一次，也是我們踏出學校的第一步。

「祕書，想請問您，華南社區因為交通不方便、就醫路途遙遠……」孩子在縣府的廣場與祕書對談，從醫療談到交通，從交通談到衛生。

面對孩子的直率，祕書被問得有點招架不住，畢竟這些問題牽涉的層面廣泛，有些問題甚至要和中央部會協商後才能定案，而我發現孩子對這些問題充滿興趣。

「祕書，社區的老人就醫不方便，請問有沒有方式可以解決？」婉玲滿腔熱忱期待。

「我們可以採巡迴醫療駐點的方式來進行。」廖祕書回答。

「可是，老人家要去看醫生，要從這個山頭走過來，他們還是要走很長的路。」婉玲因為住在最遠的山上，有感而發。

「如果讓公車進入華南的話，是不是就可以解決？」廖祕書抛出問題。

「但是有些聚落的路很小，公車進不去，怎麼辦？」婉玲回應。

就在一問一答的氛圍下，廖祕書第一次見識到孩子的直率與對問題的執著，而我也為我們的孩子表現暗自喝采。

孩子從縣政府回去後，開始將半個月以來所拍的照片和訪談，記錄整理成一份簡報檔。一張張的照片、文字，如實記錄著社區的生活狀況。

這是孩子的第一堂課，一堂充滿生命歷程的課。不是從教室裡，不是從課本裡，卻是再真實不過，因為這也是他們最真實生活的環境。**如果不是從了解自己生活的環境開始，我們又怎麼可能培育出願意關懷自己、關懷自己土地的下一代？**

這也是我的第一堂課，雖然我心裡早早有準備，但一開頭就如此充滿挑戰，也讓我對這趟旅途開始感到害怕，害怕迷路、險阻、孤獨，甚至再也無法繼續往前……

我們這醫家

為了爭取公車行駛社區，我提筆寫了一篇短文，投書報紙。投書刊登後，我接到健保局經理的來電。

看著阿婆吃力前行，我不忍

正午，炙熱的陽光凝結在山區的古厝，蜿蜒的山徑彷彿靜止般。我正驅車前往山區的一個聚落，遠遠瞥見一位戴著斗笠的阿婆。她肩上扛著扁擔，兩邊吊掛著下山採買的菜果，在山路佝僂而行。

「阿婆，你咩轉去呃！」我停車，用台語跟阿婆問候。

阿婆抬起頭來，滿臉的皺紋，突然露出一排泛黃的牙齒，開口說道：「是啊！透早就行路去坐公車，順便去斗南看醫生，剛剛才落車走到這邊。」

「阿婆，我卡你載！」我請阿婆上車，要順路載阿婆一程。

「免啦！少年耶。我打打行（慢慢行）就好。」阿婆堅持自己走回家。

來到華南，我才知道華南的山區，並沒有公車站牌。如果住在最遠的聚落，走到最近的站牌，至少要花一小時的時間。

每當我看到這些老人獨自走在馬路上，我總是會順路載他們一程，好讓老人家少走點路。順路車這習慣，是山區獨特的人情味。

看到阿婆拖著沉重的步履，我知道阿婆腳不好，卻為了就醫、採買，必須忍受辛苦的往返路程。

我開車遠遠的跟在阿婆後面，看著阿婆上坡、駐足、擦汗、再行。我心中有所不忍，不忍一位七、八十歲的老人家，只為了就醫，翻山越嶺的到山下，輾轉再回家，於是我再度的停車，請阿婆上車。

民營公車的拒絕

從社區回到學校的路上，我一路思考。回想起學校孩子之前做的專題：「伸出援手，關懷社區老人。」於是我開始做一些事。

首先，我打了電話給民營公車。問問公車路線的規劃，是否有可能在不影響其他人搭車的權益下，轉個彎，繞到華南社區來？至少這樣可以減少山區的老人家少走一兩公里的路程。

我婉轉建議，但公車管理單位直截了當地說：「不可能。」

對於這件事，我並不氣餒。如果這麼容易，這裡的山區，老早就有公車往返奔馳了。

我轉而拜託民意代表，提出「轉個彎，華南老人幸福又平安」的訴求。我告訴民意代表，只要公車願意增加一站，讓公車轉個彎，就能幫助不少老人，這是多麼值得做的事！

在民意代表的關切下，民營公車終於有了回應。他們派出單位主管和司機一起會勘行駛路線，同時也知會監理單位對於路權的安排。

但在那一次會勘後，我卻徹底的灰心與絕望，因為司機說：「路不好開。」（其實隔週因為修路，所以公車有兩、三星期改開建議的路線，「不好開」或許只是藉口。）

會勘後兩、三個月，我內心依然牽掛著這件事。夜闌星稀，每每看著遠處的燈火，我心中總有一股惆悵的失落，久久徘徊不去。

直到有一回，朋友上山找我，我們去拜會回鄉經營餐廳的蔡耀仁大哥，談到山上的林林總總，他對於這幾年華山地區人潮鼎沸的咖啡熱潮，有一種不可思議的感受。

蔡大哥皺起眉頭說：「該走進古老的聚落，那兒才是真正村民的居所。看看那形單影隻的老人，獨坐在偌大門埕的一隅，守著世居的老宅，奢望著沒有病痛的明天，殷盼著年節來時，久違子孫的笑聲，好沖淡這宿命的孤寂。」

投書報紙

蔡大哥這一番話，再度激起我奮力一搏的熱情。隔日，我提筆寫了一篇短文，投書報紙，感嘆政府是一道高不可攀的牆。

投書刊登後，我接到健保局經理的來電，他直言我這樣的話語，對他們而言是一種傷害。我跟健保局的經理說，請他直接來社區看看，看看我說的話是否屬實。

當日言畢，健保局的官員依約前來，我帶著他們去找了山區的老人家。

讓健保局震撼的一席話

在蜿蜒的山徑中，我們看到聚落的老人，正在屋簷下聊天。一位阿婆對著政府官員說：「我們如果生病，都要一直忍著，直到隔壁鄰居也一起生病，才會請一輛計程車，花六百元，一起去看醫生。」

這番話讓健保局的官員很震撼，終於答應要在華南社區設置偏鄉醫療服務站。不過，健保局卻在將這燙手山芋接下來後，轉贈給我。

原則上，他們同意在華南設置一個醫療站，醫師公會會協助找醫生，但是學校要負責找地方當診療室，並協助與幫忙未來醫療站的營運。

看著那些孤單無依，忍著病痛的老人，我怎麼樣都無法置之不理，於是，我找到學校旁邊一棟已經十幾年沒有再利用的衛生室。衛生室裡當然沒有多大的好光景，雜草叢生，破碎的玻璃散落一地。不過對於此情此景，我並沒有縮手。

剛好民間企業正收件提案，我奮筆疾書的送過去一份計畫表。秋盡冬來，我們被通知獲選了，我們終於有了一筆小錢，可以改造衛生室，讓它成為真正的衛生室。我一顆懸著的心，終於能放下。

學校的師生與社區的居民，為了迎接這一日到來，紛紛利用假日，主動協助衛生室改造，有人刷油漆，有人用白水泥塗牆，我們每個人為終於有座醫療站而開心期待。

但我掂量了一下預算，卻發現我們不可能完成一個真正的診療室。

你要多少磁磚，自己拿，我不跟你算錢

於是在朋友介紹下，我跑到嘉義的磁磚工廠。

「請問有什麼需要嗎？」一位看起來像老闆的中年人起身招呼我。

「我想要看磁磚。」我提出要求。

「你是要做什麼用？」老闆問。

「是這樣子的，我是山區學校的校長，我們正在整理社區的醫療室，要為社區老人建造醫療中心，因此需要地磚來改造地面。不知道你們有沒有比較便宜，但好用的磚材？」我進一步的提出說明。

「哦！那你們有多少預算？」老闆看著我。

「其實我們沒有預算，老闆如果可以的話，我可以欠著，然後慢慢還嗎？」我遲疑又有點抱歉。

「沒有預算？」老闆突然音調拉高，驚奇的看著我。

「嗯，老闆，我告訴你好啦！……」我開始將我的構想，以及要幫社區籌建醫療室的想法告訴老闆，同時告訴老闆，我們的預算在做水泥磚牆時已經幾乎花光，但為了完工，我不可能停下腳步。

我一面訴說，一面試著打動老闆的惻隱之心，看能不能少收一點錢。

「這樣子哦！那你跟我走。」

老闆帶著我走到他的倉庫，接著指著磁磚說：「你要多少，自己去拿，我不跟你算錢了。」

「哇！老闆，你真是好人，初見面，你就這麼慷慨。」我銘感五內的熱淚盈眶。

「沒什麼啦！磁磚其實不貴，但是你們要自己貼哦，因為工錢反而比較昂貴。」老闆謙虛地說。

「真的是謝謝你，這樣我們就很滿足了，工人我會請社區的居民來幫忙。」我感動到話語支吾。

「不過，老闆，你可不可以好人做到底？」我有點靦腆的跟老闆開口。

「要做什麼？」老闆看著我。

「能幫我把磁磚載到學校嗎？因為我沒有貨車。」

在磁磚工廠老闆協助下，我有了免費的磁磚可用，逐漸的，也看到醫療站的雛形，但是接下來隨著硬體的完工，營運上的需求也開始浮現。

老闆，你們有沒有二手流理台要賣？

一個多功能的社區中心，當然不能只有冷冰冰的診療室，於是在朋友的建議下，我來到一家廚具行。

「老闆，你們有沒有二手或有瑕疵的流理台要賣？」我小心翼翼的問。

「你要幹嘛？」老闆聽到這些話，有點不太高興地回答。

我馬上跟老闆說明，我會來找他，是朋友介紹。朋友說老闆是一位熱心公益的人，也許能解決我們的難題。

我委婉地說出事情的始末，與我們面臨的困境。

或許是我們一片為社區老人家著想的無私心意打動了老闆。老闆想了很久，終於開口說：「我這邊確實剛好有一組流理台要處理，這樣好了，我用捐贈的名義送給學校，但是我想去學校參觀一下。」

這當然沒問題，我非常歡迎老闆上山走走。在廚具行老闆的協助下，醫療站不僅獲得一座流理台，同時老闆還貼心地找了獅子會，來幫忙裝設遮陽板，讓醫療站不會那麼炎熱。

在忙忙碌碌，多方奔走，以及各界熱心幫忙之下，半年後，診療室終於大致完成了。經由醫師公會的協助，我們找到斗南的賴成宏醫師來協助看診。賴醫師的工作非常忙碌，常常是早上診所一開，病人就絡繹不絕，一直到診療結束才能休息。

校長開車接送病人

因此當賴醫師答應我們一星期來

賴成宏醫師一週到醫療站看診兩次，病人總是絡繹不絕。

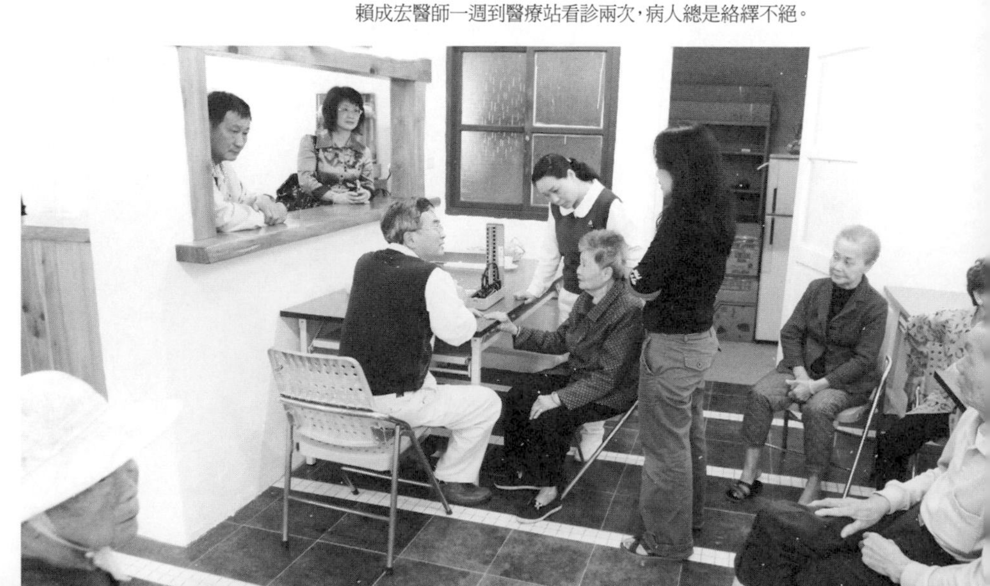

診療室兩次時，我們簡直喜出望外，不過健保局也提醒我，偏遠地區的醫療服務，單次平均必須超過九人，才可以繼續營運下去，這倒是讓我憂心忡忡。

因為我知道，病人從各聚落來到學校看病，一樣是千里迢迢。必須有交通工具，才能解決病人的問題。我和蔡耀仁大哥商量，在兩次的診療時間裡，就由我和他兩個人輪流接送病人。於是，我們印了傳單，由校護和一些老師，以及村幹事一一拜會居民，以期讓初次的診療「業務」可以步上軌道。

開診那天，在蔡大哥和我的奔波下，終於有十幾位病人來看診。村長和社區理事長也前來觀看，看這一群人是否能夠撐起這「一片天」。

首日的開張，在大家同心協力下，終於有了好的開始，但是之後的營運，仍然讓我們掛心。

「我覺得要募一輛車來載送，會比較好。」蔡大哥娓娓建議。

「因為我們兩個人這樣來回載送，總是太累；如果可以跟縣政府爭取一位多元就業人力來載送，應該可以更永續。」

「嗯，我知道我們的困境，我努力看看。」我保持樂觀的接受蔡大哥建議。

在蔡大哥鼓勵下，我一方面跟縣政府申請多元人力，一方面對外招募一輛九人座的巴士。

也許是福星高照，一位朋友打電話給我，說他目前有一輛九人座的車子，可以捐給我們。

同時縣政府也傳來好消息：「有三個月的短期人力可以支應。」就這樣，我們愉悅地度過三個月。

創下全國偏鄉醫療第一的就診量

三個月的時間過得特別快，短期人力的經費已經告罄，緊接著是如何繼續支付社區醫療專車的司機費用，這龐大的壓力正考驗著我們。

最後，在我們的勸募下，經費（註）開始一點一滴的累積，逐漸的，社區醫療的服務層面也擴及到嘉義縣，而病人也從原先的十人，一直增加到單次平均二、三十人以上。直到目前，也一直維持全國偏鄉醫療服務第一的就診量。

註：經費每年都需要勸募，以支應同樣的弱勢家庭的司機費用。

廢棄十幾年的衛生室。

在學校師生與社區居民「改造」下，衛生室蛻變為醫療站。

橘子紅了，你我的心都熱了

罹癌的學生家長邱爸爸，眼眶含淚、抖動嘴唇向我借錢。但一來我沒錢，二來借錢並無法解決家長的困境。突然我靈光一閃，我問邱爸爸：「你家有種植什麼作物嗎？」

漫步在華南山區，一切都顯得新奇，你可以發現崖壁稀有的岩生秋海棠，也可以看到順著氣流成群過境的紫斑蝶。

而讓我感到順心的倒不是這些美景，而是這裡獨特的人情味。你可以遇到三合院的阿婆，邀你進去吃西瓜，也可以碰到滿手污泥的歐里桑，拔了整把的蔬菜，放到你的車上，這一切只因山中獨特的情感。

在這樣溫馨的社區度過，你會發現時間飛快，直到校園中的樟樹突然抽高了半層樓。

校長，你可以借我五萬元嗎？

一日，一位形容消瘦的男子走進校園，我記得他是一位低年級邱姓學生的父親。他眉頭深鎖的走進校長室。

我請他坐下來喝茶，卻見到他靜靜地坐在椅子上。

我知道他有事，於是主動開口，劃破沉悶的氣氛：「怎麼了嗎？」

他眼眶含淚的抖動嘴唇：「校長，你可以借我五萬元嗎？」

「為什麼要借錢？是不是有什麼事？」

在一陣沉默後，邱爸爸開始述說，他罹患了重病，每次化療或電療都需要一大筆錢。自從他回鄉耕作以來，為了賺錢，去承包了一大片檳榔園，結果因為景氣不好，讓他負債累累。

其中最令他掛心的是年幼、單親的女兒，假如他的身體無法負荷，孩子未來要怎麼辦？在走投無路下，他只好硬著頭皮來找我借錢，並表明要將孩子送給別人扶養。我了解對一位大男人而言，除非迫不得已，否則不會走上這條路。

但是我沒錢借他，而且借錢也無法在短期間解決他的困境。

就在我陷入思緒的漩渦中時，突然靈光一閃，我問了邱爸爸：「你家有種植什麼作物嗎？」

邱爸爸抬起頭來，看著我回答：「我們家有六七分地的橘子。」

太好了，我們可以來幫你義賣橘子。

比捐錢更有意義的事

一方面，這對一個男人而言，至少保留了一些尊嚴。另外，義賣橘子也比直接捐獻來得更有意義。

我開始籌畫這件事，同時將我的構想告訴南大附小的王老師。我們商量後，決定以「橘子紅了，你我的心都熱了」為題，並且將義賣橘子這件事，告訴媒體朋友。

事情一經披露，陸陸續續有人熱情打電話來問，甚至有各種團體要來幫忙採收橘子，其中王老師的南大附小最令人感動。

王老師先找了台南幾所學校，將訂購單發給每一個小朋友，短短不到一星期，已經彙整將近一萬斤的量。王老師並找來家長的大貨車，連同遊覽車，載著孩子，浩浩蕩蕩的就從台南殺到古坑來。

十一月原本應該是寒風、有點刺骨的天氣，但在這天卻異常悶熱。一萬斤的橘子，也不是一下子就可以採收完成的，尤其對一個身體不好的人。華南國小與南大附小的孩子當然必須自己動手，一起合作幫忙採收橘子。

一大把的剪刀，配上一個個塑膠籃，我們大人加小孩，猶如出征般的隊伍，蜿蜒地往果園前進出發。

一條橘子長河

邱爸爸的果園，大車無法到達，必須走上半小時的路程，但孩子們並無怨言。

看到果園後，兩校的孩子依序地在師長的指導下，開始進行剪果、剪枝、裝箱、套袋。

山上的蚊子特別多，幾個孩子被蚊蟲

叮咬得有點煩躁，但是大夥兒沒有空埋怨，我們有志一同的朝著採收一萬斤的橘子而努力。烈日也從頂空，逐步的往下掉，慢慢的，遠方的燈火開始亮了起來。

小囿是華南國小三年級的男生，他在哥哥的邀請下，一起來幫忙採收。小囿家裡也有種橘子，他知道採收橘子的辛苦，但是當他看到這麼多人時，他卻異於往常的，沒有任何抱怨，看到他一手拿著剪刀，一手不斷拍打蚊蠅。

「是不是很累？」我走過去問候小囿。

「嗯！」小囿點頭微笑。

「那你為什麼還要來這邊幫忙？」我繼續問。

「……」平常話不多的小囿，這時有點窘迫。

「一開始是哥哥叫我來的，但是我看到南大附小的學生這麼認真，我覺得我也可以幫忙。」小囿的口中好不容易迸出這些話語。

小囿在學校是一個不善表達的孩子，當他願意主動來幫忙時，我才明瞭，原來**孩子的教育並無法直接來自課本的啟迪，而是在適合的情境中才能被啟發出來**；更進一步說，**孩子生命的能量無法在書本累積，必須在生活實踐中內化而成**。

一萬斤的橘子，光從果園搬到大馬路，就耗盡一番氣力。馬路旁綿延一百公尺長的一袋袋橘子，蔚為壯觀。最令人感動的是，這是孩子愛心的付出，這是孩子愛心匯集成的一條長河。

山上黃澄澄的橘子園，隨著訂單一波波的湧入，慢慢的由黃轉綠，在寒流來的前夕，我們終於把邱爸爸的橘子銷售一空。算一算，學校整整賣了三萬多斤的量，而這一次的愛心活動，就在大家的幫忙中，暫時畫上休止符。

因為有各界的善心，邱爸爸的女兒小如順利就學，他也還了部分債務。但病情並沒因橘子的義賣而有好轉，經檢查，腫瘤移轉到鼻腔。這對於邱爸爸而言，簡直是雪上加霜，因此邱爸爸就在不斷的治療與休養中，整整過了一整年。

原本的小如在父親生病時，還有年邁的阿公可以照顧她，但阿公視力逐漸退化，原本有一眼已經無法看到的阿公，竟然另一眼也逐漸模糊。家中的兩位大人身體同時產生病變，先前義賣橘子的經費，除了有一部分拿來當作小如的就學基金，剩下的就用在償還債務和醫療費用上，如今阿公也全盲，他們一家的生活依然困苦。

善知，在孩子心裡種下

灰面鷲在十月依約南下，帶來了祝福，也守護華南的天空。

距離上一次義賣橘子的時間將近一年後，邱爸爸順利完成整個療程，不過身體仍十分虛弱，無法工作，當我正在傷腦筋，該如何再幫小如一家時，竟然陸續有善心民眾主動打電話來說要買橘子，這更加強了我想幫助小如一家，讓他們走出生活上的陰霾的念頭。

善心的湧入，並不只是善款的累積，最重要的是心中的那一點善知，透過這樣的活動廣為流傳。

當華南的孩子在第一年看見南大附小孩子們的幫忙時，我知道有顆種子，在華南的孩子們心裡種下，且發芽了。

華南堅持的核心價值

第二年的橘子義賣，華南的孩子不但主動幫忙，只要有團體驅車前來協助，孩子們必定義不容辭，這慢慢地變成華南的一個傳統，或是一個風氣。

我也知道有人不認同我的做法，他們希望孩子在學校，只要專心在課本上，其他都不用管。面對這樣的質疑，我心中雪亮，因為**孩子的價值觀，必須一點一滴在**

生活中累積。社會不是要培養一位只會讀書的人，然後冷漠面對一切，甚至追求自己的利益遠勝於一切。

善知識的養成，包含對自己、對人、對整個環境，都要**有一顆愛人愛己的心**。**堅持這條核心價值，是華南必須走的路，而且更重要的是，以行動去落實**。

從愛心橘子開始，華南的孩子總會不定時地在台灣的各個角落去點亮微弱的燭光，不管是幫古坑有機柳丁農行銷柳丁，幫華南社區小農或三地門小農義賣咖啡，我們的教育最終不就是希望培育出這樣的孩子嗎？

寶特瓶許願樹

在一個綠色的寶特瓶中，有一張卑微的心願，上面只有簡單幾個字。看完後，我的眼淚忍不住掉下來。

當孩子正在討論聖誕節該許什麼願望時，我突然想起之前家長跟我提到，在今年的聖誕節，他想要製作一棵聖誕樹。

當時，我非常開心，因為我想這一定能給孩子帶來大大的驚喜。

時間隨著東北季風流逝，當櫸木開始飄下枯黃落葉，我並沒有看到聳立的「聖誕樹」，我原本的滿心期待開始有了疑惑。

突然間，一輛貨車疾駛進來。刷的一聲，轟隆隆，倒下整車的寶特瓶。

我看到柚子的媽媽，吆喝著孩子一起幫忙。我想柚子的媽媽又去哪裡撿拾了許多的回收物，學校雖然常常捉襟見肘，但捐回收物給學校，這我倒是第一次看到。

「校長，這些寶特瓶還不夠，可不可以再請每個孩子回家再帶一些過來？」柚子的媽媽對我說。

「嗯，好啊！」我靦腆的回答。

「你為什麼不直接拿去賣？反而要拿到學校來？」我忍不住問。

「誰要拿去賣？我是要做聖誕樹。」柚子媽媽笑著回答。

「做聖誕樹？」

「是啊，反正過幾天，你就知道了。」柚子媽媽和孩子抬著一袋寶特瓶走去社區多功能中心。

聖誕節前一天，孩子們陪著柚子媽媽開始做聖誕樹。只看到孩子們將繩子穿過已經打好的洞，寶特瓶就像粽子般，開始一串串的被掛起來。

支撐的木架，撐起近百個寶特瓶，原來，真的是要做成聖誕樹，我的心中仍驚訝不已。

老師在沾滿粉筆灰的教室裡奮戰，語音稍歇，老師發下一張小小的卡片，希望孩子能夠檢討這一年的問題，並許下新一年的願望。

孩子們搖著筆，晃腦細思。對他們而言，這可能不是一件簡單的事，有的孩子奮筆疾書，很快就完成了，也有孩子交頭接耳，總是要看看其他人寫什麼，才能確定自己明年的願望。最後，孩子們一一將寫好的願望，放到寶特瓶內，期待有一天能夠實現。

過了兩天，也就是聖誕節當天，學校發糖果與孩子同歡，聖誕樹也被搬到中庭擺放。雖然沒有五光十色的燦爛燈光，卻有孩子各式各樣的心願。

在孩子上課時，我獨自漫步到中庭，來到聖誕樹下。我一一拿起寶特瓶觀看，雖然塑膠瓶透光性不好，但卻可以看到孩子寫的內容。

每看一個，總是讓我搖頭大笑。有人希望明年可以有一台平板，有人希望每次考試都第一名，也有人希望有一台電腦，更有人希望可以到日本去玩。雖然孩子小，但願望卻頗大。

看著稚嫩字跡，眼眶模糊

再往裡面翻尋，看著中、低年級的稚嫩字跡，我的眼眶開始模糊。

一個孩子寫：「我希望我下輩子還可以當爸爸媽媽的小孩，我希望我不要再這麼愛哭，我希望我的感冒快點好，我希望大家都要快快樂樂健健康康。」我知道這個孩子從小就失去父親，他是多麼渴望有朝一日能重享父愛。願望這麼簡單，但卻是再也沒有機會做到了。

我抬起頭來，忍住打轉的淚珠，繼續往下看。

我希望今年的禮物是媽媽的愛……

在一個綠色的寶特瓶中，有一張卑微的心願，上面只有簡單幾個字，「新的一年我真開心，我希望今年的禮物是媽媽的母愛，剩下的都不需要了。」看完後，我的眼淚還是忍不住掉下來。

這個孩子出生沒多久，媽媽就因為一些原因回大陸去了，之後再也沒有踏上台灣。孩子從小是阿嬤照顧長大的，對阿嬤的養育，孩子當然感恩於心，但是孩子思思念念的卻是媽媽的愛。

有時透過電話，孩子還能跟遙遠的媽媽講上一兩句，但是能夠投入母親的懷抱，卻是孩子想都不敢想像的奢求。這些奢求，學校能怎麼幫忙？學校能做得到嗎？看著這些孩子可愛的臉龐，沒想到他們的內心卻是隱藏著如此深刻的想念與記憶，在每一年最歡樂的節日裡。

當櫸木的最後一片枯葉掉落，又過了一個月。

在除夕夜，放紅包到孩子口袋

在除夕夜前，忙完家中的所有事情，我趕緊驅車到山上繞了一圈。逐一的去探望孩子們，看看孩子在這日子是否安好。

我能做的不多，我只想給孩子更多的歡樂。跟孩子聊聊天後，順手放一個紅包到孩子的口袋。我知道錢不多，但我知道這是孩子過年時，獨有的歡樂記憶，當然也希望，孩子可以守住歲月、守住幸福、守住願望。

願望，真能實現？

這年的暑假，小幸在各方的安排下，終於搭機前往大陸探望母親。雖然只有短短兩個月，但是假期結束後，卻看到小幸滿滿的笑容。從她的口中得知，媽媽帶她去學鋼琴、帶她去買衣服。

或許，上帝也有看到她寫的願望。雖然只有短暫的時光，但這幸福如同瓶中的紙條，已被緊緊的封存。

餘韻至今的咖啡課

「你們知道為什麼要攪拌七圈？那八圈就不行嗎？」我開始像老學究一樣發問。

「如果我要你們只泡兩杯，那過程會一樣嗎？」我專心注視著孩子。

孩子抿著嘴，一句話也答不出來。

用更柔軟的心，去包容

來到華南已經超過兩個月，天氣逐漸轉涼，縣政府也開始針對第一階段三十人以下的學校，輔導的動作逐漸加溫。

華南的學生人數減少，當然有先天少子化與後天努力方向的問題。當縣政府宣布一百人以下的小校，必須進行課程改革，如果改革不成，那就直接併校。這樣的訊息對於教師是否有壓力，不得而知，因為教師只是轉到別校繼續工作而已，但對當地的居民可是萬般的不捨與不便。

「校長，你不用叫我們設計什麼教案，我們知吃、知做（台語）。」一位女老師當我的面直接嗆我。

我笑笑地對著她說：「不管怎樣，路還是要走出來，否則裁併以後大家都會變成正職的流浪教師。」（意指到其他學校若仍然超額，必須調到其他學校。）

華南大多數的老師因為一開始對縣府的政策有所懷疑，所以有些冷眼旁觀，只有少數與我同時進入學校的老師，傻傻的保有一股往前衝的熱血，但我也能諒解教師的難處，因為他們的雄心壯志早就被傳統束縛壓得煙消雲散了。

當然教師有這樣的反應，我並不訝異，至少我對這樣的反應，早有心理準備。早在出發前往華南的那一刻開始，我知道等著我的必定是許多考驗。記得以前從事環境運動時，就遭遇過不少恐嚇、威脅，但我始終沒退縮。現在面對夥伴，我告訴自己，不僅不能退縮，還必須用更柔軟的心，去包容一切。

於是縣政府開始聘請課程教授來輔導學校，學校裡的老師必須重新進行課程設計訓練，當然最重要的是觀念的改變。**任何一個課程不能老是拿以前的經驗塞給孩子，要看到孩子的需求，設計一套課程，才能引導出孩子真正的能力。**

就這樣，學校開始進入另一個紀元。

在經過幾場的訓練後，老師決定以咖啡為主軸，進行校本課程設計。從咖啡切入當然可以看到生態、產業、在地與全球化等觀點；但是好玩的是，老師會選擇咖啡倒不是對咖啡的縱深思考，相反的，老師選擇的主要因素是：他們喜歡喝咖啡。

老師對咖啡有興趣，倒不是什麼壞事。相反的，可以借重老師的動力，逐步去發展課程。但問題來了，一到六年級的咖啡課程，要發展到什麼樣的程度？每個步驟與單元要如何銜接？要選擇什麼樣的題材來給孩子？

記得我曾經到一所學校去考評，那所學校以西瓜作為學校的校本課程，但一年級是種西瓜，二年級也是……到六年級也還在種西瓜。

我問孩子感受，他們直嚷嚷說：「真的好無聊，從一年級種到六年級，都做一樣的事情；更氣的是，種了六年，從來也沒有吃過自己親手栽種的西瓜。」

當教師規劃好每一個年級的課程後，老師也主動請咖啡達人來教大家煮咖啡。我看到咖啡師傅盯著孩子的每一個步驟，有條不紊的指導。

「當你看到下壺的氣泡冒了出來，就要倒咖啡粉進上壺。」師傅用銳利的目光環視大家。

「當上壺的水滿起來時，記得要用攪拌棒往右攪拌七圈，記住，只能七圈。」

師傅的命令嚴峻到大家都不敢違抗。

「停了十秒後，再攪拌七圈……」師傅一個步驟一個步驟演示下去，果然香味逐漸沁入心扉，猶如嗎啡般，令人無法抗拒。

「你們只要按照我的方法做，保證會沖泡出最完美的咖啡。」師傅最後補充這一句話。

學習不是複製文字而已

我在旁邊看了滿臉狐疑，或許是我生性喜歡發問，等師傅走了以後，我開始拋出問題。

「沖咖啡的方法，學起來了嗎？」我問孩子。

「學起來了。」孩子滿有自信的回答。

「那你們可以泡一杯咖啡給我喝嗎？」我用溫柔的眼神看著他們。

孩子開始七手八腳，照著老師的口令執行，當然很快就完成一壺咖啡。

孩子很有禮貌地端了一杯給我，我滿心感謝的接了過來。

「你要不要自己也喝喝看？」

孩子大膽的嘗試一下，表情卻像突然間吃到不該吃的東西一樣，臉都皺起來了。

我看著孩子，開始揣度他們的心思，「苦苦的，是不是？」

「是！」孩子點頭如搗蒜。

我開始跟孩子討論，如果我們不懂咖啡的屬性，如何能沖泡出一杯好喝的咖啡？如果連我們自己都沒有嘗試過，那麼學習就只是將文字複製過一次而已。

「你們知道為什麼要攪拌七圈？那八圈就不行嗎？」我開始像老學究一樣發問。

「如果我要你們只泡兩杯，那過程會一樣嗎？」我專心注視著孩子。

孩子抿著嘴，一句話也答不出來。

那段不愉快的經驗，深刻影響著我

看著孩子低頭，我後悔這麼快就打擊孩子的自信。

記得我讀國一時，正牙牙學英文，那時候有一隻狗突然跑到教室裡來，後排的同學頑皮地拿橡皮筋綁住狗的嘴巴，全班隱隱作動。講台前的老師正汲汲的抄寫黑板，躁動之餘，狗剛好跑到我旁邊，我看了不忍，伸手正想去解開那隻狗嘴巴上的橡皮筋時，老師正好轉頭過來，他瞧見這一幕，非常生氣的叫我站起來，狠狠又足足罵了我一堂課。

當時我又羞愧又怨恨，鬱積在我心裡的怒氣，讓我恨極了英文老師。之後的英文課，我一點都不想上。

這段不愉快的經驗，深刻影響著我，也總是提醒我，對待孩子必須更傾聽與關注。於是，我轉換語氣，對孩子做更進一步說明。

「你們學得很好，而且也都很認真，但是為了要讓自己更厲害，你們必須去理解背後的原理。」我放輕了語氣。

孩子聽到我的話，臉上僵硬的表情逐漸軟化，也有了笑容。

其實在我當下的話裡，要跟老師表達的更多，只是我藉著與孩子的對話，去提醒老師背後要表達的重點和概念，否則我們就只是在複製方法。

之後的幾天裡，孩子們拿著燒杯和酒精燈，倒進一匙一匙的咖啡粉，揮著汗，正在更努力的練習如何泡出一杯好喝的咖啡，我知道他們聽進我的話了。

自掏腰包，買圍裙與頭巾

在我來華南的第一年，因為華山的繁華落盡，山上的咖啡店家有一天沒一天的在苦撐，在公部門的設計下，有咖啡節的舉辦。那年，社區正要舉辦第一屆的煮咖啡比賽。

師傅邀請學生去參賽。孩子面對人生第一次的對外比賽，其實都沒有多大的把握，生澀、退縮是華南孩子的特徵。

我摸摸孩子的頭，微笑鼓勵他們盡量表現，畢竟奮力的結果，生命才會有出處。記得小學五年級，我第一次參加學校舉辦的跳繩比賽，甫出場，我的兩隻腳就顫抖不已，但一轉頭，卻瞥見老師用溫柔的眼神注視我，雖然當時雙腳還是不聽使喚，但勇氣倒是增加不少。那年，我得了全校第二名。

華南國小的高年級全部出動，也才十一、二個人，為了讓孩子更體面，我自掏腰包買了咖啡圍裙與頭巾，孩子們裝扮過後，果然一出現，就驚豔全場。

扎實的沖泡咖啡「訓練」，加上孩子對咖啡的深刻「領悟」，華南的第一場對外競賽，就風光地包辦了前十名中的九位。之後，孩子參加全國咖啡達人競賽，更獲青少年組第二名。

那一場「戰役」，讓華南至此與咖啡結下不可分割的深緣，餘韻繚繞至今。

護溪（一）

「校長，我已經請水保局來看，我準備把河川整治成階梯狀，讓河川看起來比較乾淨一點。」

「乾淨一點？可是溪水很乾淨啊！河川有土石沖刷的危險嗎？」我驚訝地問。

「沒有啦，但聽說只要跟水保局申請，就可以進行整治工程。」理事長補充。

聽到這些話時，我心裡面其實非常震驚。

這麼美的溪，就在我們身邊

岸上的晨露，在第一道陽光透出大尖山前，滑落到嵙角溪中，也就是這些水滴，刻畫出大華山地區千百年的歷史印痕。

有一回，我到一位家長家裡，相談許久後，他竟然起身引我到他家裡的牆上，指著一幅相框說：「校長，你知道這張照片是在哪裡拍的嗎？」

我看了看，潺潺溪水上方橫著彎曲的樹幹，綠葉配上白色溪澗，哇！多麼美的畫面。

我不假思索地回答：「可能在草嶺？要不然就在樟湖？」

只看到這位家長嘴角露出微笑，慢條斯理的迸出一句話：「校長，這是我們社區的嵙角溪。」

哇！這是多麼令人振奮的一句話。生活在雲林這麼久，我從來不清楚雲林有一條這麼乾淨的溪流，而且就在咫尺之遙。二話不說，馬上跟家長要求，請他明天帶我去看那美麗的嵙角溪。

兩星期後，華南的師生穿著雨鞋，浩浩蕩蕩地一起下到嵙角溪。四月初，嵙角溪水量不多，但是已經讓孩子興奮不已。

「這裡有魚耶！」孩子的音量都拔高了。

「這裡有化石！」

「螃蟹！」一位同學大聲地喊出他的興奮。

一隻翠鳥，寶藍色的身影，正低空飛越溪谷。一條小小的溪流竟然能讓孩子有這麼大的驚奇，而且嵙角溪的自然資源，簡直超乎我的想像，我非常驚訝。

這麼豐碩的溪流，就在我們身邊，夏季又即將到來，我心裡的想法就像潺潺溪流冒個不停，就來場「嵙角溪的巡禮」吧！

我們先帶孩子接觸水。玩水這件事，每個小孩其實都非常喜歡，但是因為媒體的報導，讓太多的家長因為擔憂而禁止。記得我從小四就偷偷開始玩水，一直玩到小六。只要被父母發現，他們就狠狠修理我一次，但是玩水實在太有趣了，所以父母越打，我越想去。

有一次，全校有二、三十個同學相約到池塘戲水消暑，不知道是誰走漏了風聲，學校老師竟然騎機車來找我們。遠遠看到老師的身影，所有人不約而同躲了起來，有人藏在草邊，有人潛到水裡面。

當老師走到池邊時，只見老師不緩不急的將散落一地的衣服全部拿走，然後揚長而去，留下滿臉錯愕的我們。當然，光著身子，跑回家中，除了挨一頓竹條之外，隔天司令台的賞衣大會，簡直笑翻了所有的師生。這樣的記憶直到有一回，隔壁班的同學跑去游泳，因為不諳水性，不慎溺斃，我們才停止。

長期與水為伍，我們反而會更謹慎地去熟悉環境，例如每次下水前，我們都會拿竹子去測深淺。有些溪流，我們也會因為不熟悉而忍痛放棄。

教育處長捏了一把冷汗

五月的一場大雨，讓原本的嵙角溪溪水頓時大了起來。我帶領孩子穿著雨鞋，到溪裡去探索。嵙角溪是一條初級的河川，上游已沒有任何支流。下過雨後，溪水並不會漲得特別高，但相對的，仍可以讓孩子有一種衝擊感。因此，大雨過後，我經常帶孩子到溪中玩水，也因為我的大膽，讓到校參加座談會的教育處長著實捏了一把冷汗。

他直接跟我說：「校長，我已經交代教育處，看看你這邊需要多少經費，趕快去買裝備，讓活動更安全。」

這是我第一次聽到教育處的長官主動的給經費，我們十分意外，但也雀躍不已。

「溯溪」，孩子說下次還要

時光冉冉，約莫六月初時，社區的理事長突然跑來找我。

「校長，我已經請水保局來看，我準備把河川整治成階梯狀，讓河川看起來比較乾淨一點。」

「乾淨一點？可是我看溪水很乾淨啊！河川有土石沖刷的危險嗎？」我驚訝的問。

「沒有啦，但是水保局那邊有錢，聽說只要跟他們申請，就可以進行整治工程。」理事長補充。

聽到這些話時，我心裡面其實非常震驚，因為雲林難得保有這麼一條優質、無污染的水域，靠的就是兩岸鬱鬱蔥蔥的樹林庇護，如果將這些植被剷除，未來粗角溪的命運不可得知。但是我知道當場跟理事長提醒應該沒有用，我必須再想一些策略。

暑假漸盛，蟬聲震耳欲聾。

約莫七月初，我再度邀約理事長，請他幫忙帶孩子去溯溪。我用「溯溪」這名詞，聽起來比較專業，也容易打動理事長。

「理事長，可以來幫忙嗎？只要看著孩子，不要發生危險，我們也有一些講師費可以申請。」我向理事長提出建議。

「只要跟著孩子？」理事長眼裡有點迷惑。

「對啊！你對溪裡的狀況比較熟。而且你可以依你的專業提醒我，哪裡有危險要避開。」

理事長聽了以後，馬上開心地答應，於是我們再度把孩子集合去溯溪。孩子的表現遠超乎我預期，除了展現主動求知欲外，竟然還要求下次再來。這讓理事長傻眼，也超乎他的想像。

因為他以前參與水保單位的帶隊解說活動，每次在解說時，孩子常常興味索然。主要原因是，孩子對於跟他們無關的「知識」，根本提不起興趣，因此每當解說完後，通常沒有人會要求再度前來，更不可能展現高度的求知欲（註），也難怪孩子對「三、六、九」（劍湖山、六福村和九族文化村）的遊樂區，會趨之若鶩。

其實**無論舉辦任何活動，必須看到孩子的起點與需求，方法要盡量呈現多元有趣**，否則言者諄諄，聽者當然藐藐。

保住蝌角溪的「生機」

孩子下水玩了幾次後，我主動跟理事長提出建議。

「理事長，如果把河川整治掉，以後就少了可以溯溪的場所，多可惜啊！」

「說的也是。」理事長點頭。

「如果我們來推廣溯溪活動，收一點經費，這樣比整治後毫無用處，未來反而比較有更大的推廣空間。」我開始提出要求。

「這是不錯的想法。」理事長的眼睛閃露出光芒。

「對啦，你趕快去跟水保局說，我們不要做了，我們要改做生態體驗活動。」我直接說出目的。

「對啊！我們也可以跟水保局提出保育計畫的申請。」理事長補充。

於是，蝌角溪在我們的不斷努力下，暫時保住了生機，也讓社區對蝌角溪的「用途」有了新的認識。

「認識」其實很困難，但是通常掌握了一些關鍵，就不難推展。對於學校，我們開始有系統地去設計一些與斛角溪有關的課程活動。至於社區，課程就必須轉化成簡單的活動，讓居民可以上手，同時還需要有多樣的活動樣貌。因此，我開始找了一些社區的夥伴，來學校參加導覽員的培訓。

我不是要教他們認識什麼，我其實是要告訴這些夥伴，**當你準備好做什麼時，你的生活與生命，就會開始改變**。

註：國外研究也顯示，戶外學習的效果能強化認知及情意發展，例如英國國教教育基金會在分析一九九三至二〇〇三這十年間，共有一百五十篇與戶外學習相關的英文研究後指出：「大量的證據顯示，經由適切的規劃、妥當的教學，以及有效的回饋與追蹤，田野工作與拜訪活動能夠提供學習者發展自己的知識與技能，並為每日的教室學習經驗增加價值。」

護溪（二）

「我們發現嵙角溪有很多問題，包含垃圾污染，以後可能再也不能去溯溪了，怎麼辦？」我拋出問題。

「校長，可以立告示牌啊，請大家不要亂丟垃圾！」一個孩子反應很快。

「那沒用啦，我阿嬤根本就不認識字，立告示牌有什麼用！」小原反駁。

在溯溪中，印證課本知識

經過了一段時間，孩子對嵙角溪的環境有了初步認識，於是我們進入探索階段。為了找尋千百年來的記憶，華南師生開始收集資料，並到嵙角溪直接尋找證據。

當孩子們在溪谷裡穿梭，他們避開可能的危險，包含長滿青苔的石頭，或有可能暗藏漩渦的急流。他們低頭找尋溪谷上游的化石遺跡，在急流、大石、瀑布、峭石鼈依附在石頭上。

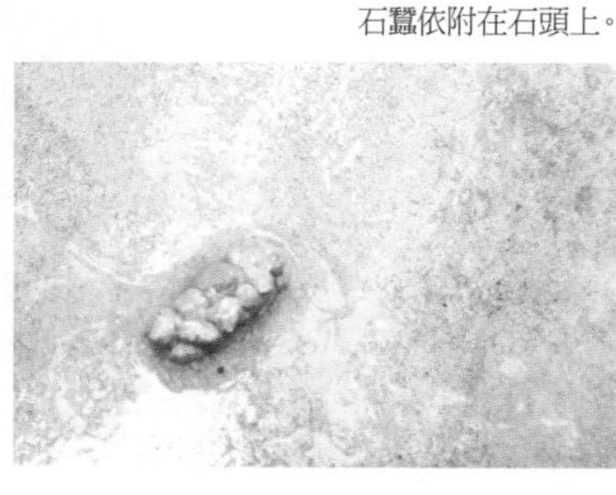

壁以及蓊鬱的峽谷地形裡。

雖然沒有人告訴這些孩子，但是我卻看見他們對於知識的渴望與本能。

「這裡有牡蠣的化石耶！」孩子呼喊。「還有廣口螺類的化石！」另一個孩子也高聲呼應。驚嘆聲此起彼落，迴盪在整個山谷中。

「老師，這裡的石頭好大！」「老師，上面有急流，我們要不要仰攻上去？」

看到這一幕，聽到孩子的雀躍聲，再也沒人能否認，在這樣的戶外探索過程裡，孩子會沒有興趣，他們甚至還能從探索過程中，印證課本的生硬知識啊。

垃圾從天而降

孩子沉浸在溪流探索中，一向乾淨的蚵角溪，卻在我們進行溯溪活動時，一袋垃圾突然從橋上丟下來。

「是誰亂扔垃圾？差一點就砸到我了啦！」孩子錯愕又氣憤的大聲嚷嚷。

我們一抬頭，發現有個居民騎車經過橋上，他順手丟下一包垃圾，差點砸中橋下的同學。

這件事，讓想要給孩子進一步行動的我，一個很好的契機點。

開學後的九月底，斛角溪的住客八色鳥已經南返，我們也開始溪流的偵探計畫。從上一次的初步調查，我們得知更下游的北港溪，已經遭受污染。其實報紙也曾刊載畜牧的廢水已將北港溪污染到全台第一名，那麼，它的上游斛角溪狀況如何？也被污染了嗎？我們決定用更科學的方法進行調查。

首先，我們將四到六年級的同學分成兩組，一組負責調查水質及水生生物；另一組記錄溪中的各種污染物。

覺察是很重要的一件事，但是我們往往忽略了它。我們可以藉著看、聽、聞、嘗，以及感受來覺察，更重要的是，我們要去思考。思考後，再去找資料佐證。當孩子經歷這樣的訓練與洗禮以後，對環境會有更高的敏銳度，這對孩子未來的學習也有很大的幫助。

活動開始時，水生生物調查組展開敏銳的身手，他們翻開一塊塊石頭，看到附著在石頭上的水生昆蟲，是一隻隻的石蠶、蜉蝣、石蠅等，孩子慢慢了解這裡的水質狀況，他們更進一步發現台灣馬口魚、拉氏清溪蟹，也在溪中到處優游，這足以證明這條溪流的水質非常乾淨，沒有受到任何污染。

而污染組也開始有所斬獲，塑膠袋、塑膠管、一些家具廢棄物等也在溪床中被找到，整整塞滿一大布袋。經過我們對附近居民的訪談得知，原來附近的部分居民常把溪流當作垃圾場，以為只要將垃圾往溪中一丟，就表示處理完了。

調查告一段落後，我們準備著手解決問題。

那天溯溪回來後，我集合全部的學生，開始討論。

「我們現在發現嵙角溪有很多問題，包含垃圾可能造成的溪流污染，以後我們可能再也不能去溯溪了，大家要怎麼辦？」我拋出問題問大家。

「校長，可以立告示牌啊，請大家不要亂丟垃圾！」一個孩子反應很快。

「那沒用啦，我阿嬤根本就不認識字，立告示牌有什麼用！」小原反駁。

「發傳單，請他們不要亂丟垃圾。」宣生提出他的看法。

「這要很多時間耶！如果有三、四百戶的居民，我們怎麼會有時間？」我反問他們。

「那多找一點人啊！這樣時間就可以縮短。」宣生說。

「我們可以召開公聽會！」如意突然開口。

「開公聽會，是個好方法。那我們要先準備什麼東西？」我都興奮了起來。

「要準備告訴居民，溪流的重要性，同時要告訴他們，嵙角溪遇到了什麼問題，我們該如何討論解決。」宣生大聲地提出意見。

孩子開公聽會，解決嵙角溪問題

於是，我們決定要一起開一個公聽會，讓社區自己來解決問題。

孩子們開始自己動手做簡報，我則跑去跟社區要求，在召開社區會議時，請「借」給我們半小時，讓我們跟社區居民說明孩子對於嵙角溪的想法。

「各位叔叔阿姨伯伯，我是華南國小的學生，我今天要來告訴大家，我們社區有一條美麗的嵙角溪……」從現場瞬間的安靜，我知道宣生的開場白，打動了在場的大人。

宣生有時看著螢幕，有時看著大人。他的表達雖然有些生澀，但一個孩子最自然流露、最無從掩飾。孩子期待在我們生活的環境裡，可以有一條美麗又乾淨的河流的期盼，卻扎扎實實地感染到大家了。一時之間，我竟然眼眶紅了起來。

多麼棒的孩子！他們關心起自己生活裡的事物，而且做了大人無法做到的事，這讓我多麼引以為傲。

但是，如果我們之前沒有陪伴孩子進行那麼長的探索課程，讓他們因為接觸，而產生心裡的感動，藉由這份感動，再去尋求更多的知識，或佐證，或推翻……那麼，我相信孩子恐怕無法勝任這樣的任務。

孩子用行動，保護自己生長的土地

從廣泛的認識到深度的探索，孩子一步一步的認識自己的家鄉，而現在竟然是要用行動，來保護自己生長的土地。這樣的孩子，我不禁驕傲了起來。

經由這一連串的課程，我也更加確認，**一個真正好的課程，除了能給孩子知識與能力的提升外，還能建立他們正確的價值觀。**

價值觀的建立，是我們目前社會裡最欠缺的。而正確的價值觀，也無法直接在課堂上教導，例如，學校教孩子不要亂丟垃圾，孩子在學校做得很好，但回到家裡就又變成另一個樣子。原因出在哪裡？因為我們的學習少了歷程。一個學習活動如果少了歷程，課程將沒有品質；學習沒有品質，那生命將會少了價值。而這堂課，我真真實實看到孩子生命閃耀的光輝。

社區組成「護溪巡守隊」

當孩子簡報結束，也接受了大人層層的提問與考驗，最後終於說服了社區的幹部。隔年，社區居民組成「護溪巡守隊」。在一次宣誓大會中，副縣長還親自主持成立大會，而我們的孩子則在台下看著典禮的進行。

或許孩子會迷惑「護溪就護溪啊，去做不就好了嗎？」但社區需要這些儀式，透過儀式，宣示般的正式告訴居民和自己：「不要再丟垃圾了！這是我們美麗的嵙角溪，我們要一同用行動來守護。」

經過了兩年，我們把護溪課程完整的寫了出來，並讓社區去參加對外的競賽，皇天不負苦心人，終於獲得各界的肯定。

社區不免俗地掛起牌子，證明自己的成就。但我覺得最重要的不只是這些榮譽，因為來華山溯溪的學生每年都超過五千人次，也因為遊學的活動，讓社區有了許多收入，讓我們可以更積極地投入護溪的活動裡，當然這些活動，還是不能對環境過度干擾，否則當初的努力將前功盡棄。

不過，這樣的成績，竟然是來自孩子最初、最純真的勇氣。

檳榔樹屋

如何在五公尺高的檳榔樹上搭建一個平台，這可讓孩子們傷腦筋了。

「我們去借梯子來搭如何？」有孩子建議。

「可是只能一個人上梯子，那要怎麼把竹子綁在檳榔樹的兩頭？」另一位孩子插話了。

長大後，忘了的能力

盛夏午後的一場大雨，讓池裡原本有點灰濛的水菊，更顯嬌嫩，破空的豔陽帶來整群的斑蝶，在紫影飛梭的山裡，大地顯得忙碌。

也就是這份忙碌的氛圍，讓今天的學校有點騷動。這是我到華南的第三個月，南大附小的好友王世杰特地從台南來，要拉我一把。

世杰有六百多次的校外教學經驗，尤其帶著孩子動手做的案例不勝其數。這是華南欠缺的經驗，也是我請他們來的原因，所以一早王老師就帶著南大附小的學生搭著遊覽車，浩浩蕩蕩的到了華南。

這次的課程連續有幾個星期，要從規劃、設計到實施。南大附小的孩子一下車，在安排好的相見歡下，不到半小時，兩校的孩子已經融合在一起。這是孩子彼此適應的能力，也是我們隨著年歲增長，逐漸淡忘的能力。

第一堂課是校園規劃，孩子必須在學校裡，找尋他們感到有興趣的事情，再透過討論、分析，找到問題，最後找到解決的方法。

因為題目有趣，所以孩子可以專注；因為孩子彼此合作、互動，而讓孩子激發出潛力。

看到孩子三三兩兩在校園裡穿梭討論，沒多久，孩子已經找到題目，不過，在找題目的過程中，附小的學生幫了許多的忙，因為他們長期進行這樣的教學，所以知道一個題目後續的延伸思考。接著孩子開始做簡報，準備明天上午的報告。報告開始，孩子陸續就位。華南的孩子顯得有些緊張，可能是第一次面對這樣的場面。

能力是被引導出來的

「老師、各位同學大家好，我們這組要報告的是太陽能昆蟲觀察桿。」華南孩子提出他們的看法。

能力果然是被引導出來的。長期培養的敏銳觀察力，可以讓孩子看到平常看不到的點，至少南大附小的孩子，總能精準地看到問題。

「為什麼你們要做太陽能觀察桿？」老師開始提出問題。

「因為昨天晚上我們看到山上有很多的昆蟲在路燈下飛行。」孩子回答。

「那不是在路燈底下觀察就行了嗎？」另一組的孩子提問。

「問題是，在進到校園的轉角時，沒有任何的燈光，所以我們想設置一支太陽能路燈，既可以照明，又同時可以觀察昆蟲。」孩子解釋。

這其實是非常棒的想法。孩子在短暫的一天中，既能有敏銳的觀察，又能細膩地想到兩全其美的解決辦法，很不簡單。

當然問題可能沒這麼單純。老師的問題一個接著一個，這些問題並不是要刁難孩子，而是要**藉由發問，訓練孩子的邏輯思考能力**。

通常孩子的學習如果少了思考，深度會不足，而**老師所扮演的角色，除了真實經**

驗的擴張外，最重要的是培養抽象的邏輯思考能力，這也是學校必須扮演的功能。很可惜的是，目前台灣在教學現場，老師對於問題探索、思辨能力並不太重視。

從疊疊樂而來的靈感

另一組同學，他們設計樹屋，因為被華南前面兩棵大鳳凰木所深深吸引。當高大的樹影，巍峨天際，他們想，如果可以爬到樹上，如果在上面蓋個樹屋，那該有多好。

孩子天真的想法，往往是創意的發源。**如果能滿足孩子的好奇心，實踐孩子內心的冒險性，那麼往往就能激發孩子更認真、更投入的學習**。因此，在兩日的週末結束後，我們相約下一次就要來實現蓋樹屋的規劃案。

寒露凝結，晨霧閉鎖整個校園，但隨著冬陽昇起，校園的輪廓也越覺清晰。起身迎接附小師生的到來。今天兩校要一起搭樹屋、露營、點煙火祈福。清晨一早，世杰打電話說他們已到東山，於是匆忙趕到學校，恰好竹商運送竹子過來，卸貨後，已聽到學生紛擾的聲音。

兩個星期前，在六組孩子的規劃案中，經由世杰與大家討論的結果，我們決定動手搭建樹屋，不過是從原先要蓋在鳳凰木上的樹屋，改為在旁邊的檳榔園中搭建竹平台。

這是新鮮且有趣的做法。南台灣到處都是檳榔園，筆直的檳榔，看起來單調、毫無美感，但在附小師生的眼中，卻是很好的課程題材。

看到兩校學生分工做簡報，從如何設計竹台、打繩結到預估經費等。我看見教育的互通有無，城鄉學校的彼此交流，很令人感動。

首先孩子去查了資料，知道一株檳榔可以承受多少重量，但若要在五公尺高的檳榔樹上搭建一個平台，這可讓孩子們傷腦筋了。

「我們去借梯子來搭如何？」有孩子建議。

「可是只能一個人上梯子，那要怎麼把竹子綁在檳榔樹的兩頭？」另一位孩子插話了。

「還有，如果沒有剛好在同一個水平，受力可能會不均。」這個孩子提出很好的意見。

就這樣，如何把竹子綁在五公尺高的檳榔樹上，讓孩子們頭大不已。

突然間，一個孩子提出一個讓大家完全信服的想法，後來才知道他是從疊疊樂的靈感而來。

如果沒有在生活實踐，孩子無法學到抽象思考的能力

「我們先從原先的四棵檳榔樹、半公尺的高度開始綁起，然後在一公尺的高度綁竹子，這樣逐漸升高，一方面我們可以踩在竹子上，一方面也比較多人一起努力。」

大家七手八腳地開始行動，鋸竹的鋸竹、綁繩的綁繩，沒多久，就看到竹子一根根的被遞上高空，開始有平台的雛形出現。

然而最困難的不是繩子綁得不牢靠（老師老早就教了），而是抓水平。因為平台搭在學校的斜坡道旁，我們的視覺往往受到坡道的影響，因此，怎麼放都不容易均勻受力。後來孩子討論後，決定拿水管來測試，才解決這個問題。

看到孩子的動作，我心裡一次次受到感動。感動的是，以前看書百思不得其解的理論：用具體的方法去理解抽象的套裝知識。看到孩子的操作，我才明白，學校所教的課本知識，充其量只是「令人眩惑的知識」，如果沒有在生活實踐，或從頭

去解構，孩子是無法真實學習到抽象思考的能力。

平台的基礎竹架，被孩子固定了。接下來，看到孩子一根一根的將竹子放上平台，並用粗繩一根根的纏繞。從上午到日暮低垂，最後看見孩子歡欣於竹台上，雀躍之情，寫在他們臉上。

華南，不只點亮自己

夜幕低垂，十六的月亮格外明亮，在石朴樹梢上映照著遠處學校的燈火。這一夜，清涼如水，校園裡充滿孩子的歡笑。

我從來不知道，華南點滿燈後，朗朗天際間，明月東昇配合著校燈，會是如此美麗。此時，一天的疲憊盡付塵囂。

世杰拿出仙女棒，開始點燃，華南的孩子就等這一刻，全部的學生自動圍繞整個操場。

我到二樓去感受整體的美，突然間孩子喊出「讓華南亮起來」。世杰看到這一刻，也放起了高空煙火。這種燦爛的美，在寧靜的華南夜中，好美好美，明月、藍色的山巒，加上孩子的煙火，彷彿時間都靜止在這一刻。

華南，不是只點亮自己，同時更照出附近的燈火點點。

翌晨六點，已聽到平台上搭營過夜的孩子笑聲。我在校長室的沙發椅上，輾轉反側，昨晚太累了，深夜靜思，遙想深山中的孩子笑靨，直到墜入深沉記憶中。

今天，天氣很好，圓弧的天空中沒有一絲雲的痕跡，陽光就如同微風一樣柔軟，遠處近處，弧線重疊，好似沒有盡頭，原來，山離我這麼近。

用過早餐，孩子們準備搭建第二個樹屋。由樹屋變成「數屋」，我們算了算檳榔樹的承重力，也算了算口袋裡的錢。世杰真夠義氣，竹子的錢，他一手付清，還包含兩天的食物。

多年來，在夢想與現實中奮鬥

我是一個小校校長，只能買些橘子、付一下運費，聊表心意。想想學校籠罩在廢校的氛圍裡，想想小校於社區扮演的角色。偏遠學校，經費都捉襟見肘了，更何況山中的貧戶，頓時冰寒的氣流籠罩心底，剎那間，不安湧上心頭，或許只能再度祈禱，當努力過後，一切不要化為烏有。

多年來，我在夢想與現實中奮鬥，有時走來顯得孤單，但我並不寂寞，因為路上總有人伴隨。

這一段路，我不打算一人獨行，即使上坡路陡，不好走，或許有人退出，或許有人質疑，或許有人阻止你前進，但看準了目標之後，我會找一群人，勇敢朝向目標邁進。

卷二

單車課程

被學校「追殺」的孩子

突然間，我聽到天寒大罵。

「我們真傻，我們花錢來殺自己！」天寒激動地說。

很久很久以前，猶太人被趕出德國；黑人被趕下公車；原住民被趕離海岸邊的草地；而我楚天寒在學校被追殺，只好四處逃亡。

這是一個孩子在日記中所寫的一段話。

當孩子父親將日記拿給我看時，我心裡難過到極點。

孩子在學校和同學相處不愉快。每每為了一些不同的意見，彼此起爭執，最後孩子落荒而逃，甚至視上學為畏途。

這是在華南的故事，也是我剛到這所學校時，遇到的棘手問題。

雲林縣
古坑鄉
華南國民小學
Yunlin County Gukeng Towr
Hua-Nan Elementary Sch

這個孩子叫天寒，讀四年級，因為情緒不穩定，造成老師上課的困擾，而我不斷與老師溝通，也與家長協商，但天寒的問題卻越來越嚴重。

當時因為華南學生數過少，在縣府主導下，開始進行課程改革。新課程因為更強調多元及分組學習，讓一向只擅長自行摸索學科領域的天寒，也開始要面對人際溝通的複雜性，而感覺統合發展的遲緩，使他備受同儕排斥。

後來我跟天寒父親商量，請他帶孩子去看醫生。醫生要我及導師分別填寫評量問卷，之後天寒被診斷出介於正常與過動兒的邊緣，並且開了處方箋。

然而隨著天寒進入高年級，他與同學的衝突與日俱增，有時甚至因為老師不諳處理方式，讓他感覺受到二次傷害。後來當他在教室被激怒時，常常翻倒書桌後直接走人。他跑去圖書室看書，似乎一翻開書本，他就進入另一個時空。

當周遭的同學仍為剛才的火爆場面激動不已，他卻已進入書中有趣的情節而哈哈大笑。

日復一日，一樣的場景、情節不斷上演，天寒臉上的笑越來越少，天寒父親的眉頭更深鎖，而我也掛心不已。

後來天寒的父親再度到醫院，這次主治醫師換人，醫師在病歷表寫下「亞斯伯格症」。

為了解亞斯伯格症，我開始上網搜尋資料。

孩子，你的宣洩方法，我懂

秋去冬來，寒意籠罩整個大地，再過兩個月，學校即將帶領孩子前往東部，進行單車主題課程，天寒的父親為此事憂心忡忡。他擔心萬一孩子心情不好，直接騎入太平洋，他該怎麼辦。於是，天寒的父親打算請假陪天寒騎完全程。

為了這次的活動，除了研究主題外，天寒在班上不斷加強騎乘訓練。每當到戶外練騎時，總是可以看到天寒在後面追趕大家，可能是天寒的體能比較不足，或是感覺統合較差，他總是落後大家一大截。不過在華南強調小組合作與團體一致之下，慢慢的，可以看到班上同學為落後的天寒加油打氣。

距離出發的日子越近，越容易感受到天寒的焦慮。當然，我也擔心天寒的狀況，所以頻頻交代其他同學，必須負起照顧天寒的責任，多容忍他的學習狀況，並請大家多適應天寒與人互動的模式。

啟程那一日，當看著天寒跨上鐵馬，踏上踏板，我心中突然有種感動，這孩子也終於要踏出那一步了。

五天四夜對天寒而言是全新的體驗，但也是一種磨練。隨著車隊到了磯崎路段，坡度起伏加劇。幾次的落隊，天寒耐不住性子，發了兩次脾氣。天寒的父親下車，陪他慢慢走上陡坡。

有幾位同學耐不住，上了補給車了，但天寒依然堅持騎下去。

翌日，我們要挑戰玉長公路，這是我擔憂的瓶頸，也是天寒可能產生挫折的地點。隊伍伴著波光粼粼的大洋南下，我們在台東的石梯坪用餐，並上了一堂地質課程。午後，我們進入海岸山脈，緊接著是蜿蜒的玉長公路。公路起於長濱海邊，初始便是個大陡坡，不多時，車隊便拉開，呈現零散分布，而天寒也逐漸失去耐性，他下車，推了幾回。

但我發現，漸漸的，他開始習慣這種走走騎騎的旅遊方式。

公路盤旋上山，前方時而仰望青翠山巒，時而俯視蔚藍大海。若非身旁不時呼嘯而過的砂石車，這路倒還真適合旅行。

突然間，我聽到天寒大罵。

「我們真傻，我們花錢來殺自己！」天寒激動地說。

就在大家一頭霧水時，天寒喘了一口氣，繼續說：「這公路是誰開的？政府嘛！而政府的錢從哪來？是我們繳的稅。而做好了公路，卻讓這些砂石車如此橫行，造成我們生命安全的威脅，這不是自己花錢殺自己嗎？」

天寒父親一臉苦笑，不過隨行的教育處長在後頭聽到這番話，倒是笑著說：「這小孩講話滿有想法的。」

然而，我卻知道，天寒，這是你調整情緒的一種方式，也是讓我放心的一種宣洩方法。

學會合作與包容

隊伍在隧道口集合，並魚貫進入隧道，在幽暗的路徑流竄，回音四起。沒多久，遠處出現微弱的天光，直到豁然開朗的另一個天空。

天空下，綠色的招牌指著通往「花蓮玉里」，突然又聽到天寒破口大罵：「我們在搞什麼？好不容易從花蓮騎到台東，現在卻又騎回花蓮。」

峰迴路轉，孩子，人生就是如此，有時前進，有時後退。

孩子，在這社會有時要達到目標，更需要的是心情的轉折與轉化，正如山路的高低起伏與百轉千折。

隊伍進入縱谷，也開啟另一個視野。天寒，我知道這樣的磨練讓你頗多怨言，但也讓你有新的體驗，對於其他同學來說，他們也開始知道合作與包容是學習的重要元素。

一路上走走停停，我們在鹿野體驗、在太麻里的海邊靜待日出，也奮力地越過南迴。隨著行程的推進，我看到班上孩子彼此包容，彼此打氣。

為什麼我沒有更早了解？

就在結束的前一夜，天寒與父親因為過於勞累而留在教會休息，我和其他同學則到公共澡堂去洗溫泉。

沐浴後，我和孩子一起走到停車場。微風徐徐飄動，浮雲遮掩月華，剎那間，繁星盡起。我與孩子躺坐在貨車的車斗，仰看牡丹的群星閃爍。

我若有所思地問孩子：「你們有沒有覺得天寒最近生氣的次數變少了？」孩子們歪著頭，想了想，「有耶，最近比較少看他生氣了！」

聽著孩子們的回答，我突然被一陣清風從沉思中拉回，若隱若明中，幡然醒悟。

其實，天寒並沒有改變，團體輔導對於亞斯伯格症的孩子也很難在短時間裡，有具體的成效，倒是孩子們學會了包容與關懷，因為他們對於天寒的行為開始有比較清楚的理解。

只是這樣的體悟，讓我有一點悔恨，為什麼我不能早知道這種方式？為什麼我一直執著在亞斯伯格症的孩子身上？為什麼一直要到我翻過這麼多的山頭與稜線後，才能看到遠處的燈光？

燈光雖然微弱，但是已能讓我看到路徑的碎石。或許我仍然瞧不見遙遠的未來，但我知道世界的天平有一天一定會傾斜過來，而我們只是稍微移動天平的支撐點而已。

出走（一）

孩子失去了摯愛的家人，我心裡想，有沒有什麼方法，可以幫助這個孩子，在他面對怯懦、孤單時，不再無助？

遠征三百公里的「鐵馬壯遊」

在華南的第二年，我覺得應該讓孩子到外面磨練。孩子這一年來在社區探索，學得很快樂，但我總隱約覺得孩子並沒有那麼「獨立」，面對一些未知領域時，總是有些抗拒。

也許是某種機緣，或是某種巧合。三月正是紫斑蝶過境的季節，我在華南追隨紫斑蝶的飛行路線，一路來到林內的成功國小。

「嘿！圳哥，我們兩校一起來騎腳踏車好不好？」蔡校長建議。

「好啊，這點子太棒了！」我心裡有些激動。

「路線請你規劃，但要盡快做。規劃好後，我來通知家長。」蔡校長催促著我。

「沒問題，但是單車之旅要讓孩子的學習有意義，而且要能夠帶進課程中。」我補充說明。「好，那一切拜託你了。」蔡校長囑咐。

就這樣，我接下這神聖的任務。坦白而言，我從來沒有單車旅行的經驗，但是在我的腦海裡，孩子就應該行走在台灣的海岸線、走在台灣的山陵、走在台灣的每一個角落，自由自在的在大自然中徜徉。

這樣的自然記憶，一直存留在我心底，不過，是小時候在自然中探險而來，而不是在學校獲得。

記得小時候，我很愛與鄰居小孩一起探險，我們可以跑到幾十公里遠的溪床中挖蚯蚓，只聽說那邊的蚯蚓特別肥大，青蛙應該會特別喜歡吃……

熱情承諾後，我的困難卻接踵而至。首先，騎單車要做什麼？如果是要輔助孩子學習，那單車就是工具。若是要**從單車活動來強化孩子的學習動機、增強自主性與成熟度**，那單車計畫必須是一種挑戰的課程。

我在沉思中回到學校，看到孩子們燦爛的笑容，帶著一種靦腆。突然，一個孩子與我擦身而過，那瞬間，我突然領悟。

幾天前，我參加了一場告別式。那是孩子的家人，因為年紀大，恍惚中在山裡走失，找尋了幾日，得到的結果竟是生命中最殘酷的那一面。

這對孩子而言，又是另一場失落的壓力，因為早在兩年前，孩子的母親在回家途中，已被一場大雨奪走生命。孩子受到家庭的影響，對生命開始有一種不安與抗拒。

或許我可以認為那是家長的責任，但它是如此清晰的展示在我眼前。我心裡想，有沒有什麼方法，可以幫助這個孩子，在他面對怯懦、孤單時，不再無助？或許，與孩子一起壯遊，是個不錯的開始。

我滿心歡喜地寫了計畫，也與家長述說這趟旅程的意義。但家長看著我，卻是一臉訝異，因為從來沒有人願意去做這種事，尤其是一個初生之犢的校長。

「哈囉，親愛的圳哥，計畫寫好了嗎？我已經跟我們學校家長講好了這趟計畫。」電話那端傳來蔡校長的聲音。

「好了！我相信你看到我的計畫，一定會感動得痛哭流涕。」我自信的回答。

「好，那你寄過來給我看，我們再找個時間討論。」蔡校長高興地回答。

掛完電話，剛好六年級的老師走過來，我跟他說明了這趟計畫與目的後，老師竟然當場愣在那邊，久久不能言語。

之後幾天，在我的遊說下，華南的老師竟然只有教導主任與六年級的級任老師願意跟我去（他不得不去，因為這是六年級孩子的行程），而家長也只有兩位，其中一位當然就是家長會長。

但這不是我唯一要面對的難題，當我與蔡校長碰面時，他一臉鐵青，劈頭就問：「不是只有一天嗎？你怎麼規劃出五天的行程，而且還要從墾丁騎回來？」

我反問：「不然你的單車之旅是什麼意思？」

「我是想我們學校的學生，從林內騎到斗六；你們學校的學生，也從古坑騎到斗六，然後一起會師。」蔡校長回答我。

「啊！你怎麼會這麼想？這樣實在太可惜了。」

「現在不能反悔喔！我已經告訴家長，而且媒體都知道了。」我補充。

「還有，你們學校的腳踏車是不能騎的，我已經開始去外面募集環島腳踏車了！」我不讓蔡校長有拒絕機會。

就這樣，蔡校長在我軟硬兼施下，被我逼上梁山，兩校也不得不一起進行三百公里遠的「南台單車壯遊」計畫。

跨過這一步，生命將不同

這件事在雲林縣整整轟動了一陣子。有人肯定，有人奚落，也有人看扁。

記得十年前，我剛回雲林教書時，為了兩天一夜搭遊覽車去阿里山的校外教學，我將公文呈給主任、校長，但沒有一個人敢同意。

我詢問他們原因，只得到「雲林縣從來沒有舉辦過夜型的校外教學」這樣的答案。

我不肯放棄，後來我建議學校不妨將校外教學的公文轉寄給教育局。學校寄出後，從督學到主任督學，最後轉呈到教育局長，但仍然沒有一個人敢答應讓我帶班級到外面過夜。

一直到出發的前一天，教育局打電話來，他們說，來不及發文回覆，讓我們自

已看著辦。

十年過去了，這次我想以單車走讀五天的方式，讓孩子感受台灣西海岸土地的味道，同時也想讓山上的孩子探索海洋、親近海洋。學生已經開始練習，我也著手現勘。

六年前，台灣的單車環島熱度甚囂塵上，不去走上那一遭，似乎跟不上流行，而我則是帶著孩子去追尋學習的邊界，因為在那不遠的前方，靜靜佇立著一塊界碑。推倒界碑、跨過這一步，生命將有所不同。

當跨過這一條界線，你或許就不是你，而孩子的生命也將有所不同，因為封閉的世界將被注入一股泉水，這股泉水汩汩沁入每一個人的心中。

盛夏（二）

孩子，當你們貼著海岸線，走過台灣最醜陋，也是最美麗的海岸時，你們曾經問我，為什麼有這麼多的水泥塊。

我實在無法回答你，孩子。這些答案，我希望你們走完以後，自己去體驗、自己去發覺、自己去尋找答案。

雜貨店攔下補給車，搬來運動飲料給孩子

六月燠熱的天氣混雜著燃燒稻草的刺鼻味，小狗慵懶的躺在樹蔭下，躲避著足以傷人的紫外線。烈陽毫不留情地壓了下來，壓得每一個人喘不過氣。

華南的孩子，正賣力在公路上練騎。他們騎著外界捐贈的腳踏車，汗流浹背地前進，每個人氣喘吁吁地數著踏板，咬牙苦撐，為的是挑戰人生的第一段旅程。

再過幾天，我們就要從墾丁騎回雲林。三百里路對孩子來講，是一道重要的鴻溝。

和華南的孩子朝夕相處，已近兩年，面對孩子的生活、想法，逐漸掌握，但對於孩子勇敢面對問題的心，卻有一種空虛感。

這份空虛來自課程的反覆試驗，卻始終無法激發孩子的自主性。這對於極度想要找到一條正確路途的我，有一種焦躁感，儘管我知道**教育是不能速成的**。

他們從來沒有被這樣肯定過

將孩子拉到戶外騎腳踏車，在鄉下看起來有點荒誕，每個人都用奇怪的目光注視著隊伍，但看到師生努力的過程，路人也不約而同給予加油聲，甚至還有雜貨店攔下後面的補給車，搬來一箱運動飲料，這讓孩子的心窩注入一股強心劑，因為他們從來沒有被這樣肯定過，踏板頓時踩得更用力。

突然間，聽到後頭一陣煞車聲，一轉頭，就看到兩輛腳踏車橫躺在路上，眼前是一個孩子坐在地上，另一個孩子表情痛苦地摀著膝蓋。

「怎麼了？」我大步趨前問。

「就是小剛的前輪碰到我的後輪，結果就……」浚雄指著小剛。

「有沒有受傷？我看一下。」我抓起小剛的手，看了一下小剛的膝蓋。

「還好，只是輕微的擦傷，塗塗藥就好了。」我安慰著小剛。

「記得，平地要保持三輛車的距離，要不然很容易擦撞。」我再度地提醒。

看著隊伍發生了這段小插曲，我的腦海突然一閃，依稀要告訴我什麼，但瞬間，又模糊了。

給孩子找答案的能力

這天，我們直達遙遠的南方，就在這南台灣的峽灣之處。潮間帶並不明顯，比起大肚溪口橫亙一兩公里遠，此處並不算什麼，但是站在台灣的最南端，三面環海，順著黑潮海流，我們選擇台灣海峽北上潮流，一路往故鄉邁進，就格外有意義。

孩子，當你們貼著海岸線，走過台灣最醜陋，也是最美麗的海岸時，你們曾經問我，為什麼有這麼多的水泥塊。

我實在無法回答你，孩子。這些答案，我希望你們走完以後，自己去體驗、自己去發覺、自己去尋找答案。

為什麼不在教室看書，反而跑到這麼遠的地方，受盡苦楚？

隊伍在眾人的祝福中出發了，孩子們志氣昂揚的推進，但不到一小時，隊伍旋即遇到瓶頸，擺在眼前的是一段小陡坡。

兩個小女生遇到了挫折，無論怎麼踩，就是無法讓輪子前進，她們索性牽車步行。然而酷暑難捱，加上柏油路水氣蒸騰，我看到孩子的淚水在眼眶中徘徊。

我轉過頭去，避開了孩子的視線。

孩子，當我們踏上這一步時，我們早已被告知，此行的痛楚必須獨自面對，我能做的，只有在背後默默地為你加油打氣。

因為**生命的價值，不能有任何的依附，而是透過自己的實踐去創造出來**。或許，在疲憊的身軀中，你已無暇觀看旅程中的花草世界，但我知道在你踏出的每一步，你都會被海風吹擊；往前眺望，必被海洋反射的陽光閃得猶如午後的貓眼。路途中煙灰瀰漫；淌下的汗水，浸濕的衣袖，割著脖子的每一寸肌膚。

或許你會後悔為什麼不在教室看書，反而跑到這麼遠的地方，受盡這般苦楚。或許，你的心中飄過一絲悔恨，但，孩子，這是必經的過程。

一個人如果怕海，怎麼可能會喜歡海？

午後，我們轉往海港用餐，酷暑讓你們毫無食慾，我知道此時的你們必定舉步維艱。

「我們去浮潛好不好？」我用詢問的語氣探詢大家。

「耶！好啊。」大夥兒開心附和。

「小棉，你看起來好像不太願意？」我轉頭看到小棉。

「沒有。」小棉用微弱的聲音回答。

「沒有就一起去啊！」

我提議去浮潛，其實是想讓孩子在旅程中充滿好奇與想像，讓孩子即使面對挑戰，心中也充滿新奇。眾人很快地扒光便當，飛快地準備用具，沒多久就來到浮潛店。

著裝後，眾人依序下到海裡，山上的孩子一輩子沒有接觸過海，對海的印象充其量只是書本提到的文字。

這幾年教育部推動海洋教育，我看了其實是失望的。台灣四百年來的禁海政策，造成畏海的基因在每個世代的血液流竄。學校推動海洋教育不是在走廊畫圖，

就是看錄影帶，充其量會到魚市場走走看看，但真正到海邊體驗的是少之又少。

一個人如果怕海，怎麼可能會喜歡海洋？而身處大洋的子民，或許老早就忘記海洋的味道。

孩子在海裡非常的興奮，給人的第一印象，不會認為他們是山上的孩子。

「怎麼了？小棉，你怎麼全身發抖。」我發現一個小女生瑟縮在礁石旁邊。

「我……」小棉支吾。

「沒關係，不要怕，有什麼事說出來。」我鼓勵小棉。

原來小棉對海有恐懼，但慢慢的，在教練的指引下，她逐漸地放開身手。

一個從沒有下水的孩子，竟然可以在半小時以後，逐漸展開笑靨。當她看到美麗的珊瑚、繽紛的熱帶魚時，簡直樂不可支。

海洋，是潛藏在每個人體內的記憶，我看見這份記憶再度被打開。看著孩子優游在海裡，我想這才是海洋教育。

經過這番的「洗練」，大夥兒已逐步適應這樣的模式。隊伍繼續北上，夕陽照著大家的身影，影子拖得好長好長。偶爾從山上掉落的山風，將弱小的身軀吹斜。半島地形特殊的海風和地形，讓同樣的物種，也因為環境壓力，逐漸與原來的種源產生隔離，演化的結果，特有種的物種特別多，甚至環境壓力的使然，把白頭翁和烏頭翁隔成兩塊世界。

孩子，壓力可以使人改變，物種也必須適應環境，動物如此，人亦是如此。

校長，這是不是空氣污染的味道？

經過一天的疲憊，今晚我們在枋寮過夜。夜裡，教室的窗戶被海風吹得啪啪作響，但疲憊的你們，海浪聲混著打呼聲，我想今天應該是滿足的一夜。

清晨，我們選擇一早起床，踏著晨曦往北，主要原因是南台豔陽不適合在中午騎乘，也就是希望大家能夠在稍微涼爽的天氣中，往北推進，至少可以在中午多一點休息。但是，我看氣象預報，南台會有大雨，這在騎乘中或許會稍減酷熱，但是濕濕答答的，卻也會格外不方便，尤其汗水夾雜著雨水，會讓人心浮氣躁，這在騎車過程中，是不好的狀況。

離開了枋寮，就代表我們離開了半島，這裡是台灣海岸線的重要分水嶺，往北就表示你已經逐漸離開亞熱帶季風區，也就是看不到珊瑚礁地形。這是南部特殊的氣候，也是此趟旅程重要的感受。

由此北上，隊伍很快地經過林園大橋。

我們停在橋上稍作解說，「校長，這是不是空氣污染的味道？」一個小女生問我。

「為什麼？你怎麼會問這個問題？」我有點興奮地探詢。

「我看課本說，工廠附近的空氣會有酸酸臭臭的味道，現在的味道就有點像。」小女生回答。

當我聽到孩子問我這個問題時，我心裡其實欣喜若狂。因為此行的目的，就是希望**透過孩子的親身感受，逐漸打開孩子的經驗世界，並與外在的真實世界做連結。沒有到戶外，孩子敏銳的感官不會被啟發**。如果今天是搭遊覽車，就不會有這樣的「際遇」。

越過林園，三十七度的高溫讓每一個人吃盡苦頭。才到興達港，小棉已經停在路邊哭泣，隊伍稍事休息，幾個孩子一起過來安慰小棉。

看到孩子與孩子的互動，突然石火電光的一閃，我腦海頓時明亮起來。原來出發前的疑惑，在這場景下，我完全明瞭。

人的成長必須不斷的自我探索，同時要幫助孩子在人格的發展上，產生同情心，形成人與人、人與環境良性的互動。

換句話說，**逐步地脫離認知上的自我中心，是開啟孩子心智成長的重要門戶**。

有風有雨，才是旅程

午後，擔憂的事發生了，遠處雲靄似乎更加沉翳。豆大的雨滴，無情地打在每一個人的身上。雖然出發前曾經說過，有風有雨才是真正的旅程，但沒有人願意碰到風雨，畢竟那是刻骨銘心的感受。

接連不斷的雨勢讓行程更加艱難，但是孩子們仍舊奮力向前。轉入台南市區，蜿蜒的巷道在雨水的匯集下，猶如一條小河，沖著輪徑，也沖擊你們的信心。

我們在西門國小稍事休息，等待雨停。然而雨越下越大，雷聲轟然大作，不宜

再前行。

隊伍在大雨中難得有一個悠閒的下午，大夥兒靜靜的，誰也不吵誰。也不知道過了多久，雨勢漸小。我們穿著雨衣，決定趕往今晚住宿的地點。

看著大家，心裡突然有些愧疚，因為這趟行程，無法不讓你們經歷強風酷暑、大雨滂沱，然而看著你們無懼的臉龐，不時露出笑容，見到你們彼此安慰、互相打氣，孩子，我又為你們感到驕傲，因為**沒有這些磨練，你不會知道心智有多脆弱**，沒有五官極致的彰顯，就無法寫出可興、可觀的詩歌。

孩子，當你們穿梭在台灣西海岸時，你會看到四百年來，台灣土地上生活的痕跡；看著古剎飛簷座落在街道角落，你應該抬頭看看，歲月並不因為我們的奮鬥而有稍歇，這就是生命。

人類創造的生命價值中，可以在生活文化中被窺看，或許百年前也有同樣懷著壯志的少年，披荊斬棘的想要創造出屬於那個年代的故事。孩子，歷史必須從書本中被讀取；**感動必須在行動中被印證**。

情怯（三）

「路途中，你們感受最辛苦的事情是什麼？」縣長繼續問著孩子。

「很辛苦的騎，衣服乾了又濕、濕了又乾。」

「在任何時候，我們只要躺下，就可以睡著。」

「屁股摩擦到幾乎坐不住，卻又要忍受汗水的侵蝕。」孩子回答。

眾人一起面對北方祝禱、感謝

越接近故鄉，越有熟悉的感覺。

從台南古都切進台十七省道，沿路都有一股魚腥味，夾雜著汗臭與剛下完雨的暑氣，形成一種特殊的西南部味道。

一群人從遠岸泛光中騎來，倒映在一畦一畦的魚塭上。

隊伍停佇在路旁，路旁有幾位阿伯正在採收虱目魚。看到躍出水面的銀白魚身，孩子特別的興奮。可能是新鮮感，也可能是人類漁獵的本性。

孩子沒想到逐漸靠攏的魚網，竟然可以聚集這麼多的虱目魚。每當虱目魚躍出水面一兩尺，即傳來眾人歡呼聲。銀魚在生命的侷限中想要躍出限制的枷鎖，正如學校想要衝出那束縛的界線。

隊伍逐漸地往北，海風味道也逐漸轉弱，就在轉往朴子的交界線，隊伍停了下來，眾人一起面對北方靜穆。

在祝禱聲中，我們感謝一路上庇佑的眾神，感謝一路協助知名、不知名的朋友，即使只是一聲加油，都造就一段因緣。孩子原本雀躍的心也在祝禱中，轉為平靜。

由於媒體的報導，一些朋友開始前來關心，學校的老師也被這段旅程吸引，來電說想要帶四年級的學生陪騎一段，我聽了當然很高興。

路總是要有人去開拓，意義需要鋪陳，正如當初的設想，讓孩子透過自我鍛鍊，開啟內在自主與成熟的那一扇窗。

用探索與淬鍊，打開孩子視野

最後一日，旅程即將告一段落，孩子因為想多一點體驗的時光，所以東方甫白，他們早已整裝完畢。而我內心卻忐忑不安，因車隊即將跨入北港溪，亦即要進入雲林縣界，而昨晚得知，縣長會在斗六歡迎孩子歸來，並陪同孩子騎上一段。

這樣大的陣仗，難免會在保守的教育界引起紛議。別人若不清楚此行的目的，光看騎車一事，會無法掌握真正的教育意涵。正如在教育現場，也唯有第一線的老師，才能清楚孩子內在思維。

孩子越過北港溪，熟悉的事物一一呈現在眼裡。從遙遠的南方邊境，回到自己熟悉的環境，未來將有更長的路等待孩子去實踐。他們要更熟悉自己的社區，可以透過訪談、調查與行動關懷，拉近自己與社區的距離。

而做這些主要的目的，是要**讓孩子從自我探索與不斷的淬鍊中，擴展自己的經驗；並與別人的經驗互相的驗證，這樣才能打開孩子的視野。**視野不斷被打開，未來面對問題時，其判斷與思考才會更周延，人類才會不斷的進步。

隊伍到了北港，孩子在朝天宮進行導覽解說活動。而四年級的孩子也與隊伍會合。原本十三個孩子的隊伍，馬上增加到二十人。

當初跨出的一小步，是何其艱難

經過幾日的淬鍊，孩子顯得更加成熟。

團隊出發不到半小時，四年級的行伍，馬上落後車隊有幾公里的距離。相對於出發前的生澀，這群黝黑的少年，在沿途訪談的過程中，應對與自信雖然沒有一躍千里，卻也讓大家印象深刻。

我想當初跨出的一小步，是何其的艱難，但跨出後，產生的效益開始逐漸浮現。我無法說，孩子自此扶搖直上，因為**教育是連續的過程，無法短短數月的時間，就可開花見林**。

然而最重要的是，**教育者要清楚孩子必須去累積豐富且具體的，屬於他自己的特殊經驗，以此去驗證那些抽象、屬於套裝知識所代表的普遍經驗**。而學校就是要扮演這樣的角色，去連結兩種經驗。

如果孩子只是在套裝的知識中打轉，沒有建立豐富的閱歷，那未來面對繽紛的

世界，將無力承擔。更可能的是，他會回到套裝知識的世界，再度用生澀的法則，去處理一切。

懂得讓縣府團隊跟上

孩子很快地回到斗六，在縣政府受到大家的歡迎。旋即縣長與孩子碰面，聽取他們的旅程故事。

「路途中，什麼讓你印象最深刻？」縣長問。

「珊瑚礁與熱帶魚。」孩子不假思索地回答。

「那你們感受最辛苦的事情是什麼？」縣長繼續問著孩子。

「很辛苦的騎，衣服乾了又濕、濕了又乾。」

「在任何時候，我們只要躺下，就可以睡著。」

「屁股摩擦到幾乎坐不住，卻又要忍受汗水的侵蝕。」孩子回答。

面對縣長的問題，孩子有時支吾，有時暢答。我想孩子對於這種經驗，可能只覺得好玩與新奇，但日後隨著年歲增長，會逐漸合理這段旅程的意義，而這意義，也會在往後的生命歷程，逐漸增添許多色彩。

隊伍休息後，再度出發，這是最終段。縣長也陪騎一段，原本只是十幾人的隊伍，卻因為縣長的加入，增加到四十幾人。

由於縣長的陪騎，孩子騎起來更有自信，卻也知道控制速度，以讓縣府團隊跟上。隊伍到了綠色隧道，馬路開始由平路轉為上坡。我們評估整個狀況，決定與縣長分流。孩子在與縣長道別後，開始進入學校的里程。

沒有人喊苦

最後一段是從永光到華南。孩子從早上開始到現在，已經騎了近九個小時，不但灰頭土臉，胸前的衣服掛滿白色結晶，兩臂與頸後曬傷紅腫，但沒有人喊苦。

過了大湖口溪橋，剩下最後的陡坡。公路蜿蜒陡上，不是每個人都有辦法騎完全程，雖然距離學校只有短短兩公里，卻是旅程最艱辛的一段。

不管或牽或騎，孩子都已堅毅，出發時的淚水，早已遺忘在海邊，剩下的是留住的記憶。

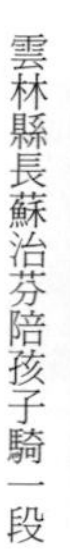
雲林縣長蘇治芬陪孩子騎一段。

單車活動結束後，學校平靜了一段時間，我再度把孩子旅程的資料整理展出。但我知道旅途本身不會再重複，重複的只是我對他們的想像，還有曾經讓我們產生的意義，以及在生命過程中塗抹的色彩。

我時常懷疑，當初的旅程是真的嗎？雖然成功小學校長受到社會壓力，已打退堂鼓，但是日後學校卻開始產生變化，這變化綿延至今，不曾間斷。

二〇〇八年六月，當驪歌初唱，六位壯遊的孩子跑來找我，再度的約定。如果有那麼一天，我要再度帶他們去「壯遊」。

走讀台灣咖啡地圖（一）

我站在最高處的陡坡旁，看著孩子們努力往上，突然聽到一陣哭聲，轉頭一看，原來大胖躺在不遠處。

因為體型壯碩的關係，攀登對他而言是一件苦差事。

這次的單車旅行，一樣在寒流蕭瑟中出發。不同的是，孩子必須跨越三分之二個台灣，越過兩座山脈，路程逼近一千公里。

先把時間拉到出發前三個月，華南的孩子到古坑拜訪一位日治時代的咖啡農黃耕子老先生。老先生十七歲就開始為圖南株式會社種植咖啡，他是台灣目前年紀最老的咖啡農，今年九十六歲。

老先生的記憶很好，看到孩子來時非常高興，侃侃談論數十年來的興衰。孩子得知當初日本在雲林成立首家咖啡工廠後，逐漸將咖啡種植擴展到台灣各地的農場，包含花蓮玉里、屏東林試所等地。孩子有心想去看看，我也支持他們的想法，於是孩子擬定了「走讀台灣咖啡地圖」的旅程（註）。

孩子約定「牽也要把它牽完」

出發前，孩子雀躍的心寫在臉上，彼此相約要騎完全程，然而路途並沒有想像中的輕鬆容易，我們一路顛簸，直到長濱。

長濱的海邊正掀起長浪，孩子在東北季風拍打下，顯得有點瑟縮。

車隊到達玉長公路的東端已經是下午三點半。上坡前，我集合孩子，進行說明。

「各位同學，此程一路上坡，對你們會是相當痛苦的挑戰。」

「今晚，我們要夜宿玉里，所以一定要越過海岸山脈。」

「但是你們沒有夜騎的經驗，為避免危險，所以一到天黑，後勤車會把你們都接上車。」

當我說完，孩子沒有任何意見，可能是不知道坡度的困難，也可能是不知道自己的極限，或許必須實際騎過後，才能有所體悟。

在陣風助威下，一夥人開始往上騎，沒多久，隊伍開始分流。在蜿蜒的山路中，逐漸形成一條人龍。開始，有人耐不住強風，下來牽車。

看到前面的隊伍逐漸縮小、越來越遠，牽車的孩子信心開始動搖了，於是其他孩子大聲呼喊、彼此打氣，這呼喊也讓後面的孩子重燃信心。

逐漸的，天色開始昏暗，車隊教練準備在後面接送孩子。沒有夜騎的訓練，畢竟會有較大的風險，所以當教練看到孩子在彎曲的山路牽車時，馬上對著孩子高喊：「趕快上車！上車！」

但原本已開始牽車的孩子，一看到教練正準備來牽他的車子，竟又突然跨上單車，開始奮力地往前騎。

捕捉到這有趣、可愛的一幕，我在心底微笑。

可能是孩子們彼此約定「牽也要把它牽完」吧。這份孩子間的承諾，讓每個孩子都以被接上補給車為恥辱。

所以孩子一面騎，一面跑給教練追，直到孩子的氣力用盡，通常才會心不甘情不願的被勸退，然後上補給車。

騎最後一名的同學受到英雄式的歡迎

晚上，我們住進玉里的佛堂。孩子被盛大的歡迎陣仗震懾住，除了放鞭炮，還有廣播，歡迎華南師生的到來。廟方特別準備豐盛的晚餐款待孩子，在疲憊的身軀下，彷彿注入一股暖流。

後山的夜顯得沉寂，孩子的心卻逐漸被打開。可能一起努力過，孩子彼此的距離也更為接近。

我從來沒有看到在教室裡，同學會為最後一名的同學鼓掌加油，但是在戶外的課程裡，我卻常見到最後一名的同學被英雄式的歡迎，而本來被動的孩子，竟然也拿起梳子，主動的幫學妹梳理頭髮。

此時此刻的夜裡，我聽到來自原野裡的歌

聲，一種歌詠生命的喜悅，原來我們彼此這麼近、這麼真。

遠山的白雲，伸手可及，而流水帶來山的祝福，我們來到台東鹿野。

我們在鹿野拜訪種植咖啡的農家，著實忙了一天。傍晚剛好有遠道的家長來看孩子，卻激起孩子想家的愁緒。

晚餐時，開始有孩子飲泣，我只能收起不忍的心情，因為這是出發前彼此的承諾。沒有打從內心的刻苦，旅程就不算是旅程。

最美的互助

翌日，我們來到阿朗壹古道。我們將腳踏車全搬上貨車，一行人要去挑戰阿朗壹古道縱走。

我們從南田進入古道，一路沿著海岸往南前進。手掌大的南田石，加上輕柔的海浪拍打聲，我們為歷史作了見證。台灣最後的海岸，沒有馬路、沒有人工設施，一切美得猶如十六世紀葡萄牙初見台灣的讚嘆。

阿朗壹古道屬於恆春琅嶠卑南古道，從屏東滿州鄉的佳樂水到台東的卑南，全長兩百零三公里，是清朝先後開闢的八條東西越嶺道路之一，也是台灣最南端的古道，而我們走的是南田到旭海的一段。

孩子走了大約一小時，終於來到第一個斜坡。斜坡必須用繩索輔助，才能攀登而上。幾位有經驗的孩子，開始在每一段上坡的路口就位，協助其他同學攀上約兩百公尺的小山坡。

隊伍在準備就緒後，一一讓孩子拉著繩索上坡頂集合。

我站在最高處的陡坡旁，看著孩子們努力往上，突然聽到一陣哭聲，轉頭一看，原來大胖躺在不遠處。因為體型壯碩的關係，攀登對他而言是一件苦差事。

我看了一眼，將心一橫，決定放手不理他。

大胖滿臉淚痕，猶如戰敗逃難似的狼狽，而我更期待有人可以伸出援手，拉他一把。

就在我心裡這樣想時，在附近的雲豹，伸出手，拉了大胖一把，並扶持他走向丘頂。

看到這幅情景，突然間，我心裡一股暖流湧出。我轉過頭，不讓孩子看到我奪眶而出的淚水。

是啊，此程不就是滿心期待孩子能彼此互助？一位功課不怎麼好的孩子，可以為名列前茅的孩子付出，多美的一幅畫！

我百思不得其解的課程精神，終於在太平洋流韻樂音中，於古道的峰頂被見證。

孩子為保護阿朗壹古道，高聲疾呼

阿朗壹古道原先並不在我們規劃的行程裡，但因為孩子的堅持，所以我們選擇了它。阿朗壹古道的行程算是一場意外嗎？或許意外的行程，所散發出來的光輝才燦爛。

當然我知道這趟行程對於大部分的孩子可能就只是旅途中的一小段，但誰也沒有料想到，半年後的某一天，華南的孩子們將他們對於古道的孺慕之情，表現於行動上。他們相約一起去屏東縣政府，參加了保護古道的會議。

一個六年級的孩子站在大眾面前，高聲疾呼：「如果失去了阿朗壹，台灣不只是失去一段美麗的海岸，更重要的是，我們將失去對土地永恆的價值。」

多麼讓我們感到驕傲的一群孩子啊！

註：孩子從宜蘭開始出發，拜會台灣第一家罐裝咖啡，然後到花蓮長濱，越過海岸山脈到玉里農場的咖啡園，接著騎到台東鹿野，越過阿朗壹古道，再到屏東林試所、佳佐國小，最後沿著高雄、台南東山回到古坑。

走讀台灣咖啡地圖（二）

阿公種的咖啡有不錯的收成，但卻沒人收購。
孩子們在深度訪談後，決定盡自己的力量，讓阿公展現笑容。

走過阿朗壹，孩子刻骨銘心的上了一課。

這一課是孩子用雙腳走過每一寸的土地，真實感受到天然海岸的美，當得知海岸即將被破壞，自然而然的發自內心，想要保護這塊最後的海岸線。

沒有真實與磨練，無法激發孩子內心的感情。

第六天夜宿高雄，我將全部的孩子集合在廂房裡，一一講述這幾天孩子經歷的生命故事。

「孩子，你們可以感受太平洋的的浩瀚，也可以對海洋變換的光影讚嘆。」

「記得你們學長也同樣走過這些路徑，他們曾經駐足在海岸，看著遠方深藍、淺藍的天際線與金黃散射的陽光映照在灰黃的沙灘上，他們才知道海的奇幻。」

「同樣的，你們面對挑戰時，走過、哭過，面對生活的無常，這才是人生。」

原本調皮搗蛋的雲豹，展現自律

這夜顯得寧靜，同學感受夜的深沉，或許經歷玉長公路與阿朗壹的挑戰後，每個人都變得成熟許多。

最後一天，當隊伍從竹崎轉進梅山時，每個人的臉上不再憂鬱、害怕。一掃原本思鄉的愁緒，一路上開始有說有笑。

陳德展現小隊長的自信，他掌握節奏、控制隊伍前進的速度。原本在校被認為調皮搗蛋的雲豹，也展現著自律。這一趟旅程，顯然改變了許多人。

涵亦在出發前，一直懷疑自己是否能夠完成這趟旅程。

「出發前，其實我一直沒有把握。我這麼瘦弱，真能完成嗎？直到進校門的那一剎那，我才驚覺，哇！我辦到了，天要下紅雨了，魚要飛天了……」

車隊還沒進入校門，遠遠就聽到震天的歡呼聲，那是學弟妹像迎接英雄般的呼喊，我們風風光光地回到學校。

旅程的結束，是課程另一波的開始。在沉澱一段時間後，我們再次去拜訪黃耕子老先生。

老先生一樣用靦腆的笑容歡迎大家，孩子們開始跟老先生暢談這次旅程的所見所聞，不管是先進的罐裝咖啡，抑或是堅持傳統的手調咖啡。孩子的結論是，沒有堅持品質的心，是無法持續下去的。

孩子幫咖啡農找出路

我們告訴老先生，台灣許多農場目前都已沒有種植咖啡，而咖啡到目前為止，也沒在台灣成為一種產業，或許是沒有完整的產銷管道，也沒有完善的種植環境，只有賣不出咖啡的小農，以及囤積在家中一隅的咖啡豆。

當我們跟老先生述說完後，老先生依然帶著笑容告訴大家：「沒關係，有你們的努力，相信有一天，慢慢的，可以看到不一樣的台灣咖啡。記得任何事情都要從土裡思考，適地適種，是勉強不得的。」

孩子們也許聽不懂老先生的「智慧」，但回到學校後，有些事卻開始發酵了。

那一天，我們走進龜仔頭的一家三合院，看到黃南阿公正在曬咖啡豆。黃南阿公在十年前，聽了政府的話，開始種植咖啡樹，但是在種植期間一直得不到政府的輔導資訊，慢慢的，其他種植咖啡的農夫，逐漸放棄這個行業。

黃南阿公靠著自己的摸索，知道不是所有的山坡地都適合種咖啡。後來他在自己的檳榔園底下，種了五分地的咖啡樹，才讓咖啡的產量比較穩定，也才知道咖啡必須定期修剪照顧，才能使結果率增加。只是，好不容易這樣「摸索」成功了，咖啡也有不錯的收成，但卻面臨沒人收購的窘境。

孩子們在深度訪談後，決定盡自己的力量，讓阿公展現笑容。

一回到教室，孩子們無所不想的找各種方案。

首先，孩子拿黃南阿公的咖啡豆給其他咖啡商鑑定。咖啡商認為黃南阿公的豆子品質不錯，我們開始放下心裡的第一顆石頭，因為如果咖啡豆的品質不好，是無法獲得別人青睞的。

接著，我們開始找出行銷的策略。有些孩子開始學著拍廣告，有些孩子學做包裝，更有些孩子策劃義賣。

義賣咖啡，部分捐助日本三一一地震

二〇一一年三月十一日，日本發生大地震，而我們的咖啡義賣在大地震十天後，選在人潮匯集的綠色隧道進行。

前一天晚上，孩子們在一位家長家裡，自己烘焙了一大堆的咖啡豆，然後秤重、分袋，最後還貼上自己設計的包裝紙，然後密封膠裝。看著一包包的咖啡豆被放進紙箱中，我想這應該是孩子面對群眾的開始。

四月上旬，高大的樹蔭穿透幾許陽光，孩子們已準備就緒。

幾個孩子開始煮咖啡，孩子想用味道來吸引顧客，同時他們做了一張張的海報，就為吸引大家的目光。

當香味在空氣中飄散開來，大胖拿著試喝杯，準備要端給客人時，卻一時語塞，不知道如何開口。

我看了以後，鼓勵大胖要勇敢的走出去。

大胖點點頭，開始拉長喉嚨，大聲叫賣：「這位叔叔，要不要喝一口甘醇的咖啡？」大胖將咖啡端給一位路過的叔叔。

「好喝嗎？這是我們烘煮的咖啡，我們幫賣不出去的咖啡小農義賣咖啡，同時將盈餘捐給日本震災。叔叔，喝咖啡還可以做愛心，一舉兩得哦！」

大胖可愛的神情，深深打動這位路過的叔叔，終於第一包咖啡豆賣了出去。

有了大胖的開疆闢土，其他同學也大膽了起來。

幾個人分成一組，開始沿街叫賣。看到孩子忙碌的情景，家長也踴躍的參與。

我不知道我們可以為台灣的咖啡農做什麼事情，但是至少我相信，孩子走出了藩籬，走進了人生。

一天的忙碌下來，學校和綠色隧道兩地，一共賣出去兩三萬元的咖啡，我們將販賣咖啡的所得，一部分捐給弱勢家庭，另一部分由孩子轉交給縣長，表達對日本三一一震災的關懷。雖然錢不多，但我想孩子奉獻出去的不只是微薄的金額，更是孩子努力學習的豐碩果實（註）。

走上一條不好走的路

這幾年，**孩子跨越了學校的藩籬，由校園走進社區，學到的不只是課本的知識，更多的是生活經驗**。我也知道這條路不好走，但是我們卻很有自信。

孩子將義賣咖啡的部分所得轉交給縣長，表達對日本三一一震災的關懷。

看到山上的阿婆，會主動切西瓜給孩子享用，看到路邊的阿公，會攔下我的車，塞幾條絲瓜讓我帶回去，看到知名或是不知名的社區居民，豎起大拇指稱讚孩子，這些，都讓我知道，我正在走一條路，走一條社區的路、走一條回鄉的路。

註：黃南阿公的咖啡在經過孩子的行銷後，因為品質好，今年已經被其他人全部訂走了。

走讀雲林（一）

一個六年級的孩子，在休息時跑來找我。

「校長，我想騎在最後面。」大頭開口跟我商量。

「為什麼？領騎不是很重要嗎？」我反問大頭。

四到六年級，沒一個孩子缺席

透過旅行，我們不斷劇烈的自我對話，然後，不斷重新定義自己。因此，每年華南都會舉辦單車壯遊活動，透過壯遊，讓孩子找回生命原始的感動。

一月，天空蒼茫帶著冷冽，七級風夾雜著濁水溪的沙塵，當最後一片苦楝葉子掉落時，就是孩子出發踏查雲林的時刻。

今年我們以走讀的方式，去探訪在地的二十個鄉鎮。一枝筆、一台相機，以地為桌，記錄土地覆蓋下的生命律動。

華南四到六年級的孩子，在這趟旅程中，沒有一個人缺席，並且早在兩個月前，孩子就積極準備。從資料蒐集、簡報、修車練習到路線的訂定，孩子參與時專注的表情與態度，令人感動不已。

這次走讀有四個主題，包含產業、生態、廟宇建築及歷史文化。由於事先分好組，所以孩子清楚此程要去做什麼，自己可以扮演什麼角色，當然最重要的是，孩子必須克服五天四夜在外的生活。這對剛學騎腳踏車的四年級生而言，恐怕有點困難。

孩子主動要求殿後，照顧同學

出發的第一天，天空有點朦朧，孩子在興奮中帶著好奇。

四、五年級的孩子是第一次出來走讀，所以特別興奮，但跳躍的心情對單車騎乘並沒有好處。每騎一段，我總是圍圈叮嚀，也囑咐六年級的隊長，要能夠隨時提醒學弟妹，穩定才是走讀最大的功課。

儘管如此，還是會有一些孩子突然「走經」，騎到路線以外的範圍，隊長必須不斷的提醒。

後來，有一個六年級的孩子，在休息時跑來找我。

「校長，我想騎在最後面。」大頭開口跟我商量。

「為什麼？領騎不是很重要嗎？」我反問大頭。

「可是，有很多學弟妹有狀況，我想我可以來照顧這些人。」大頭提出他的看法。

「什麼狀況？」

「有些人體力不好，也有人騎一騎會騎出路線外。」

「所以我想來提醒他們，也在最後面鼓勵他們。」大頭講出他的想法。

「嗯，很棒啊！但是你會特別辛苦，因為你還要注意後面的來車狀況。」我答應大頭的要求。

大頭其實是一個有點迷糊的孩子。去年花東壯遊時，他曾經一時失神，騎到快車道，差點被後方來車撞到，把大夥兒都嚇出一身冷汗。

我想大頭一定沒忘記這件事，而這次他自己要求殿後，令人感動，也讓其他同學感受大頭的成長與轉變。

最深刻的知識

車隊進入斗六，走進古老的太平老街，導覽後，經過莿桐，開始進行訪談。

孩子的訪談確實不一樣，從他們的角度去看大人的世界，有時天真，有時卻也有令人印象深刻的觀點。

「阿伯，你為什麼堅持要種有機的楊桃？」一個孩子問。

「因為種有機對身體比較好。」在莿桐種植有機楊桃的阿伯解釋。

「用有機的方式種植，會不會比較有病蟲害？」這是孩子們一致的問題。

「會啊！但是我的楊桃都套袋，而且都是老欉，對於病蟲害比較有抵抗力。」阿伯解釋。

一路上，孩子走訪的只要是農業，大部分鎖定有機栽培的農場，不管是稻米、柳丁、咖啡，或是其他作物。從孩子專注的眼神，沙沙的抄寫筆記，記錄著從大人口中迸出的隻字片語。

沒有這樣的歷程，學習不容易看到問題。沒有問題，知識就只是知識。

下午來到西螺，這豐沃的魚米之鄉，靠著濁水溪孕育出百年的富饒。今晚，我們循著百年的足跡，來到一家麻糬店，孩子顯得特別興奮。一方面可以嘗到真正米鄉的代表食物，一方面也可以讓孩子看到一塊麻糬誕生的過程。

看到、嘗到，第一手的經驗，永遠刻畫著人生最深層的情感。

記得小時候學校的遠足，我們去了附近的泡麵工廠，儘管走到汗流浹背，但回來時每人一包泡麵，不僅滿足了每個人的味蕾，也消除了一天的倦怠。

夜晚，我們借宿在附近的廟宇，孩子仍然努力的撰寫報告，熱烈分享從不同角度、不同觀點的經驗。

今天，冷氣團南下，看著孩子全身包裹厚重的衣服，想必是辛苦的開始。一早，我們順著東北季風，直達「糖都」虎尾，這裡有台灣僅存的糖廠。每年冬天，整個小鎮都會散發出一股濃甜的香味。

沒錯，當時正是虎尾糖廠的製糖旺季，本來設想孩子會選擇糖廠，作為他們走讀的重要據點，但出發前，不管我們明示、暗示，他們依然選擇布袋戲，作為他們研究的主題。

孩子進到布袋戲館展示中心，眸子馬上發亮。經過參訪後，歷史文化組的同學開始進行他們的導覽任務，看到文化組為其他同學解說生旦淨末丑扮演的各種角色，聽到同學熱烈的討論。我想即使沒去糖廠，孩子依然有所獲得。

眼淚是磨練中必經的逗點

第二天晚上，我們住在褒忠的馬鳴山。家長不放心的前來探視，沒想到家長一來，四年級孩子的情緒馬上崩潰。

從小被呵護，沒受過一點磨練的小小孩，開始哭鬧飲泣，像會傳染一樣，一個接一個，讓學長們不知所措。

孩子哭得慘烈，我心裡沒有一絲心疼或不忍是騙人的，但我希望孩子能了解，眼淚是磨練中必經的小小逗點。

隔天，風勢更加劇烈，寒流加上九級強風，讓人看了都想打退堂鼓。記得我第一次單車壯遊時，對孩子們講過一句話：「有風有雨，才是真正的旅程。」但自從講了這句話以後，每次壯遊都會遇到寒流或風雨。

看看外面的天氣，我決定集合全部的孩子。在出發前，特別叮嚀：「孩子們，單車走讀或環島並沒有特別了不起，台灣有多少人已完成這樣的事。不過，你們年紀小，願意將想法化為實際行動，還是讓我們很感動。」

「孩子，我並不想要將我的想法附加在你身上，因為**生命的價值，不能有任何的依附，而是透過自己的實踐去創造出來。**」

「或許，在疲憊的身軀中，你已無暇觀看旅程中的花草世界。但我知道在你踏出的每一步，都會被海風吹擊；往前奮騎，必被強風吹擊而後退。路途中煙灰瀰漫；淌下的汗水，混著雨絲浸濕衣袖。」

「孩子，這是必經的過程。如果你今天被擊退了，你就永遠超越不了自己。」

記得有一年，我們一起坐在海邊看海

果然，一路上寒風迎面而來，無情地打擊孩子的臉龐。孩子咬著牙，努力撐過。到達濁水溪出海口時，強大的風，讓孩子不得不彎下腰。我想，孩子一直到這一刻，才了解海口人與自然搏鬥的苦。

就是要讓孩子有這樣的體認，我們特地選擇一條往蚊港的路線，讓孩子們頂著強風，讓孩子看到台西海邊的蚵戶，泡在凜冽的海水裡，低頭在採蚵。一顆顆鮮美的蚵仔，必須有人在這種環境下獲取，甚至還需忍受突來的風災、雨災肆虐。

記得有一位當地的作家曾經告訴我：「百年前第一批來此落腳的先民，以為躲避了海上的強風，登上的這塊陸地是老天給他們最大的賜福，沒想到一年裡，一半以上的時間颳的都是讓漁船團團轉的強風。於是隔不多久，就有誰的爸爸出海沒回來，誰的叔伯兄弟翻了船的悲劇發生。」

當我將這樣的故事告訴了孩子，孩子直覺地回答：「搬走就好了呀！」

但我告訴孩子，這或許是歷史的偶然，或是環境的必然，居住在這環繞大海的島上，尤其這批長期和海搏鬥的住民，他們的血液裡已經學會如何與海和平共存，尤其在這令人發思古幽情的地方。

隔天，風勢逐漸轉小，氣溫也開始回暖，迎接我們的是雲林最漂亮的海岸與濕地。台灣的西海岸幾乎已被水泥封鎖，雲林也不例外。然而四湖有一小段海岸，海連著森林。我帶著孩子穿過茂林直達海岸，看著茂密的防風林，突然心裡一股踉蹌，彷彿回到幾百年前，獼猴在林中嬉戲、梅花鹿在海岸穿梭……。

孩子，當你們貼著海岸線，走過雲林最醜陋，也是最美麗的海岸時，你們曾經問我，為什麼有這麼多的水泥塊？我實在無法回答你，約略百年以前，雲林的海岸是全世界土地生長最快速的地方，低潮線以每年四十二公尺的速度向外擴張，四百年前的北港內海，目前離海二十公里。

但短短幾年，萬年來堆積的嘉南平原，已經被我們這一代消耗殆盡，地層下陷，加上工業區進駐，硬是讓這美麗的海岸蒙塵。

在出發前，從我們住家可以清楚看到玉山的雪線，難怪在康熙年間編纂的《台灣府志》就有記載。但是這樣的情景，已被灰濛濛的煙霧掩蓋。當我們一群人坐在海邊，舢舨不復，取而代之的是一根根矗立的煙囪，還好，你們有幸踏入雲林最後一塊海岸林，緊連著海的樹林，就是這麼美麗、這麼安詳。

是夜，看著你們入睡。**孩子，我不知道未來的你們會是怎樣的世代，但是我們這一代必須留一些東西給你們。知識易獲得，態度卻難培養。**

帶你們出來，希望讓你們親眼看到、聽到、聞到、體會得到，將來有一天，世代交替，希望你們對於生長的土地，有一份情感，然後善待環境，當未來面臨到重大抉擇時，記得有一年我們曾經一起騎車經過這些地方，大家一起坐在海邊看海。

當黃碰上黑（二）

當孩子去訪談時，黃伯有感而發的說了一句話：「唉，種有機種到賣不出去，我真想把它們全部都毀掉。」

這麼一句感傷的話，卻讓孩子有了不一樣的想法。

季風甫弱些，伴來的是漁村獨特的腥味，以及拍擊堤防的遠浪聲，這也為新的一天揭開序幕。

循著海邊的味道，車隊停在一處住家門口，孩子的目光早被那黃澄澄的烏魚子吸引。

原來冬季是烏魚盛產的季節，而烏魚子更是當地的特產。每逢捕烏大日，附近的魚市場人聲鼎沸，也形成捕烏、賣烏、曬烏魚子獨特的畫面。

華南的孩子們圍觀烏魚子的吵鬧聲，早已驚動這戶人家。一位阿公推開木門，看到一群孩子，不怒反笑。他不怪孩子打擾到他，反而喜孜孜歡迎孩子參觀。

阿公黝黑的臉龐，鬢白的雙頰，看得出來長期與海搏鬥的滄桑。

孩子有一句沒一句地跟阿公聊了起來，逗得阿公大樂，直言要孩子等他一下。

只看到阿公跑進廚房，煎烤了一大堆的烏魚子，請孩子品嘗。

哇，這麼大手筆的招待，可以看出來討海人樂觀豁達的性格。（隔了兩年，我再去看阿公，他認出我，還誇讚當時那一群騎車的孩子實在太有勇氣了。）

放手，孩子勇敢「試吃」

隊伍再往前推進，到了口湖成龍村。這是近年來因地層下陷，加上颱風積水不退，形成的大面積濕地。這裡廣達一百公頃的土地，本來要大規模開發，卻因積水而保留下來。

我們上了一些課，讓孩子進行課程觀察。孩子高興地如脫韁野馬，但也沒忘記交代給他們的功課：找尋三種鳥以及鳥類停棲的植物。

「那邊好像有白頭翁？」一位孩子看著四、五十公尺遠的樹梢說。

「你怎麼確定是白頭翁？」老師問。

「牠的頭白白的，而且有巧克力的叫聲。」孩子肯定的回答。

「老師，這是什麼果實？」一個孩子插嘴。

「我不知道耶！」

「那可不可以吃？」一個女生問。

「會不會中毒？」老師反問。

「啊，我知道了，這沒有毒。」另一個四年級的小男孩高興的插嘴。

孩子你一言我一語，讓老師哭笑不得，最後孩子果真鼓起勇氣「試吃」起來。

我在一旁微笑以對，當然我知道那是無毒的果實，所以放手讓孩子去嘗試。

讓孩子與大自然重修舊好

孩子在野外，只要引導，就可以發揮他敏銳的觀察力。美國作家理查・洛夫所寫的《失去山林的孩子》一書，探討我們的下一代與自然逐漸疏離，導致孩子的心理、精神狀態，甚至和社會與環境關係有重大的改變，因此，他鼓勵我們大人必須讓孩子與自然重修舊好。因為，孩子沒有選擇權，有選擇權的是我們大人。

看到孩子在農場恣意奔馳，其實老師是擔心的。長期以來，受到家長的「擔憂」與社會壓力，導致老師不敢放手，但是越擔憂，只會越不敢走出去，也導致部分老師在教學上面臨自廢武功的窘境。

其實，這種擔憂只要經過妥善的規劃，就能消減疑慮。我的嘗試，當然也引起教育界的批評，認為「冒進、危險、不值得仿效」。這些，我淡然處之，因為我想找回教育的本質和樣貌。

小農感傷的一句話，卻觸動孩子的心

最後一天，我們踏進古坑。當我們要轉進學校前，又去拜訪種植有機柳丁的黃伯伯。黃伯伯柳丁有點「黑黑小小」，看起來不起眼，賣相不太好。

當孩子去訪談時，黃伯伯有感而發的說了一句話：「唉，種有機種到賣不出去，我真想把它們全部都毀掉。」

這麼一句感傷的話，卻讓孩子有了不一樣的想法。

孩子風風光光地回到學校，接受學弟妹英雄式的歡迎。結束，往往是另一個開始。當孩子開始整理沿路訪談的心得時，六年級的小奕說出她的心情：「校長，我們回來的最後一個訪談，我覺得有點可憐耶！」

「你是指黃伯伯是不是？」

「嗯，政府不是鼓勵大家種有機？怎麼種有機種到讓柳丁賣不出去啊？」小奕感到疑惑。

小奕這句話讓我無法再接下去，我只好跟小奕提出想法，要不然我們再去訪談一次，看看有沒有可以幫上忙的地方。

小奕和幾個孩子再次約訪黃伯伯。當天，她拿著攝影機，我們一行人到黃伯伯的柳丁園，準備深入觀察。

果園裡，處處「生機盎然」，我們才恍然大悟，原來黃伯伯不噴灑農藥，所以柳丁上有許多病蟲害，這也是黃伯伯柳丁賣相不好的主要原因。但是，更重要的是，他找不到一條好的通路，可以安心販售有認證的有機柳丁。

這樣的問題，在六年級的小黑去訪談咖啡農時也遇過。由於咖啡品質不一，加上產量不大，因此，咖啡農不知道要銷售給誰。這也是小農改變耕作型態時，最容易面臨到的問題。

回到學校以後，孩子和我們開始研擬各種解決方案，這也是我們課程的主要特色。通常其他學校老師只要交代完「文字的功課」，就不會再進行下一步，但這幾年，華南國小做了幾件「轟轟烈烈」的大事，賣橘子、設醫療站、搶救嵙角溪、舉辦生態祭典、協助小農解決問題等，這些都是從課程出發，具體實踐的案例。

因此，當小奕和小黑開始討論時，我就非常支持他們。從孩子的想像出發，一個一個想法都被討論，最後再逐漸形成具體解決的方案。

孩子幫柳丁農架網站

不知道過了多久，有一天，我在教育部開會時，突然接到老師打來的電話，提到農委會看到新聞報導，要我們把網頁上的「有機」兩個字改掉，建議採用「無毒」或「安全」的說法。

我聽到這些話時，著實是丈二金剛摸不找頭腦。細問之下，才知道孩子幫黃伯伯架了網站，也將黃伯伯賣不出柳丁的困境，寫在網站上。

小奕還打了電話給記者阿姨，剛好這天上了全國版報紙，因此，農委會看到後，才善意提醒我們。

開完會，我匆匆趕回學校，才知道孩子的做法已經引起很多人的回響。許多人打電話到學校，希望能夠幫上忙。

我趕緊與黃伯伯聯繫，才知道黃伯伯一萬多斤的柳丁，經媒體協助後，一天就銷售一空。黃伯伯高興之下，還拿了一箱柳丁來答謝孩子。

而小黑看到小奕的行動，也不甘示弱地去協助當地的咖啡小農，透過轉介協助，找到同學的爸爸，讓賣不出咖啡的咖啡農，也找到收購的店家。

孩子的行動，讓課程有了新的詮釋與生命力。

經過這一役，我相信，「走讀雲林」的課程已走進孩子心裡，並注入新的血液。

註：孩子所拍攝的「當黑碰上黃」紀錄片，在二〇一〇年獲Sony「童心看台灣」數位攝影機組首獎。

百岳攀爬

沒有課本的日子（一）

才走三公里，已經喘得像頭老牛。他們一發現後面還有十公里的上坡，而且顯然與爬合歡北峰的狀況完全不同時，馬上問我說：「校長，可以後悔嗎？」

由於華南的轉學生比例高達八成五以上，因此老師面對轉學生總是需要耗費更多的心力，所以我們也會訓練班上的孩子成為小老師，協助轉學生，儘速適應華南生活。

這學期轉來的幾位孩子裡，其中有一位是雲豹。

雲豹在之前的學校，打架、頂嘴都是家常便飯。於是，他父親在朋友建議下，將雲豹轉到華南國小。

看了孩子的資料，我對雲豹父親說：「我們就順著孩子的興趣來發展，多給孩子空間與關懷，讓我們一起來呵護這孩子。」

說起來容易，做起來卻非常的艱難。

不到一個星期，雲豹就已經跟班上的同學起衝突。老師為了這件事，找了我很多次。我們不斷的討論與商量，想著該如何解決雲豹的問題。

孩子嘴角抖動，我知道他有委屈

那一天，雲豹又闖禍。我找他到校長室談一談。雲豹低著頭，一句話都不肯說，但是我發現他的嘴角抖動，我知道他有委屈。

細問雲豹，才知道他和同學對於遊戲的認知不同，加上雲豹脾氣很倔強，所以玩到最後，肢體衝突就產生了。

在一陣靜默後，我對雲豹說：「雲豹，我們去爬山好不好？」雲豹只是用狐疑的眼神看著我。

在雲豹之前的學校，只要他闖禍，下場不是被大聲喝斥，就是被處罰。

其實，雲豹讓我想起以前我遇上的一個孩子。那時候，那孩子也是不斷和班上同學吵架，老師身心俱疲，最後只好把他送到教務處來。

一開始，我以為孩子是過動兒，但家人帶去醫院檢查，都沒發現這問題。之後我認為孩子是故意挑釁，對待孩子就不怎麼客氣。後來，孩子轉學了，老師也得憂鬱症退休了。這件事，造成我內心很大的衝擊，我不斷地尋找答案，不斷的反省。之後，每每看到孩子出狀況，那時我在走廊大聲喝斥孩子的情形，就歷歷在目，彷彿昨日。

來到華南的前幾年，我一樣遇到類似的孩子，但是幸運多了，因為班上孩子不多，老師處理起來不像之前那樣棘手，而我也不斷自我警惕，務必尊重孩子、理解孩子。其實，我總覺得在老師要求一致性與公平性的常規中，一定會有孩子被壓抑，所以，在華南，我不斷提醒老師適性化的重要。

也因為有過之前的經驗，所以，現在我面對這些孩子，我會先**拋開課本，重新規劃一套屬於他們的獨特的課程**。

當我對雲豹提出爬山建議時，他滿臉不知所措。我拍拍他的肩膀，要他和同學發生衝突時，可以多思考幾秒鐘。

隔日，雲豹和另一位名叫思維的學生跑來找我。

一進校長室，思維劈頭就問：「嘿！校長，聽說你昨天跟雲豹講要去爬山？」

「是啊！怎麼了嗎？」我抬頭看著他們。

「嗯……我也要去，可以嗎？」思維追問。

「好啊，但是你們有許多問題，必須讓我說服你們的老師。」我回答。

「可不可以請你們，這段時間少跟同學起衝突？爬山是很困難，而且很神聖的事。沒有好的脾氣，山是容不下我們的。」我對他們說。

「哦！要這樣子？」雲豹若有所思。

「是啊！我想訓練你們當小隊長。當小隊長需要有好的脾氣，也需要有細緻的觀察力。這種領導的特質，必須要從日常生活培養起。」我開始認真地思考。

「你們做得到啦！相信我，我需要好的助手。」我開始給孩子信心。

「嗯。」兩個孩子沒有多說，轉頭離開校長室，我知道他們會在心裡開始醞釀，我也知道衝突還會持續，但我已經開始構思，我要如何成就他們。

只要孩子肯出發，我就相信一定能發揮改變他們的力量

孩子無法在教室內有成就感，主因還是因為脫離不了課本限制的窠臼。更進一步說，**老師必須認真地思考在教學歷程中，孩子的學習興趣與主體的參與度**。當然

華南的老師會不斷的嘗試適性化教學，但是過多的轉學生就是會遇到新舊文化的衝突。因此，**先讓孩子脫離情境，建立孩子的學習自信，培養內在的自主性，這也是我不斷帶孩子去爬山、旅行和環島淬鍊的重要原因**。

過了幾個星期，雲豹與思維真的每天在操場練跑。在烈日下，兩個身影看起來好小，但我知道他們是認真的，因為一天練跑也許是好玩，但兩天、三天就不一樣了，我看出他們的決心。我也開始跟老師商量，如何帶這兩個孩子。

當我提出想法時，老師充滿笑容的答應。因為帶孩子去爬山，自然會降低老師與孩子接觸的時間，但是我也跟老師要求，這段期間要多給孩子鼓勵與支持。

距離攀登奇萊南峰的日子越近，也有其他人加入，一位是沉思，另一位是亦欣，他們也是容易與其他同學起衝突的孩子。

終於到了出發那一天。雲豹和思維很早就起床，他們背著背包，準備上車，但我左等右等，就是等不到沉思，只好跑到他家去找他，沒想到，上到二樓，發現他還在睡。

「為什麼你到現在還沒有起床！」我一臉嚴肅。

「我沒有雨衣，所以不去了。」沉思回答。

「沒有雨衣？你昨天打電話給你家人，不是說幫你準備好了嗎？」我追問。

「爸爸沒有回來，所以就沒去買！」沉思回答。

「我不是跟你說了，不論遇到任何問題，一定要打電話找我。現在你趕快起床，馬上出發。」

我知道沉思是一個有點懶散，遇到事情會逃避的孩子，也許是父親長年在外工作，他由祖母照顧的關係。為了攀登奇萊南峰與南華山，我們已經訓練兩個月了，他竟然因為雨衣沒準備而打算放棄，顯然沉思在學習動機上，並不是很強烈，也或許是看到雲豹的登山計畫，感覺有趣，所以想參加，或是被老師半逼迫才來，但不管如何，只要孩子肯出發，我就相信一定能發揮改變他們的力量。

「校長，我們可以後悔嗎？」

開了兩小時的車，終於到了霧社，穿過廬山，進入蜿蜒小徑。一到屯原口，馬上遇到登山客，一問之下，他們竟然知道華南國小的單車、溯溪與爬山活動，我們滿心驕傲。合照後，我們開始這一趟旅程。

從一千九百公尺到兩千八百公尺的山徑，全長十四公里，算是緩坡，但之前幾乎在車上玩到差點打起架來的孩子，這會兒，精力全消失了。才走三公里，已經喘得像頭老牛。他們一發現後面還有十公里的上坡，而且顯然與爬合歡北峰的狀況完全不同時，馬上問我說：「校長，可以後悔嗎？」

「當然不行。」雖然我自己也是步履蹣跚，舉步維艱。每走一步，心臟好像就要停了一樣。

亦欣和沉思是沒有想放棄的念頭，但他們兩個沿路唉唉叫個不停，面對我沒有商量餘地，因為兩個孩子的父母可是對我叮嚀交代，他們都希望孩子能改掉怯懦又被動的習性！

走了四公里，我們終於到了雲海保線所，這是一個令人覺得很舒服的地方，六月的天氣，兩千三百公尺的海拔高度，保線所前開滿了魯冰花，加上梨子和李子結實纍纍，蜜蜂嗡嗡作響，這樣的場景，當然是我們用餐的好地方，只是當地水源比較讓人有疑慮，我們不敢貿然生飲。

美景當前，大人都放鬆地休息，但放下背包的孩子，還是不忘玩鬧。我看著他們，心裡明瞭，這證明了孩子不是體能不好，而是心智不夠堅強。我決定在後半天的行程裡，好好的淬鍊他們一番。

休息後再啟程，在離保線所一公里遠的路上有一個水龍頭，大家裝滿了水。啜飲一口清新的山泉水，沁入五內，接下來是五百公尺的上坡，看到沉思和亦欣撐著拐杖，簡直比八旬老人還要慘。兩個孩子走兩步，停一步，初時的調皮已不見，只剩下無數的怨懟與碎念。

但孩子們鍛鍊了那麼久，怎麼能遇到困難就放棄？所以我們押著他們繼續往前走。爬三十分鐘，休息五分鐘的策略，慢慢的，也收到功效，只是沿路美景也已無暇享受。九公里的路程，我們走了約四小時，直到遠眺到山屋的蹤影。看見了目標，孩子們鬆了一口氣，大人又何嘗不是啊！

貢獻出自己的睡墊

到了山莊，卻突然飄起細雨。我們住在帳篷內，滴滴答答，沒有詩情畫意，只有濕黏的難受。大家卸下行李，開始鋪睡墊。令人氣惱的是，有兩個孩子，我已經千交代萬檢查，就只差沒幫他們把裝備放進去而已，但他們竟然沒帶睡墊，我只好把我帶的睡墊貢獻出去。

一早起床，更驚訝地發現另一頂帳篷昨夜差一點被大雨沖垮，這是何等的危險。一問，才知道原來是思維將東西掛在帳篷上，帳篷因為承受不了重量而坍塌。我們沒苛責思維，因為我們知道孩子已經學到教訓了。

眾人開始整裝，今天要登奇萊南峰和南華山（能高北峰）。隨著露水蒸散，我們蜿蜒穿梭於山徑中。

找回教室裡看不到的自信

幾個孩子看得出來已經很適應高海拔的環境，孩子的適應能力果然不能小覷，尤其雲豹更是健步如飛，讓我又驚喜又感動的是，他開始照顧其他同學，他大方地與其他同學分享如何攀爬比較不吃力的祕訣。很難想像，在這之前，他打架、頂嘴，可是讓身邊大人頭痛不已。

其實，雲豹，你是屬於山裡的孩子，你有卓越的體能與判斷力，我知道你將來必定是個優秀的嚮導。

隊伍在筆直的山徑中前進，遠眺太平洋壯闊的視野，雲霧繚繞的山頭猶如御賜花園。孩子盡情的在山中奔跑，當我看到他們遇到挫折時的彼此扶助，我知道這只是一個起點。孩子從一個山頭越過一個山頭，就像在學習中，遇到障礙能夠超越一樣。

這幾個月以來，對於孩子，從訓練時的要求，到攀登時的磨練，我知道他們有所獲得，但更重要的是，他們找回教室裡看不到的自信。

沒有課本的日子（二）

當我提到必須通過測驗，才能去爬山時，思維很反彈，因為他認為我故意刁難他。我是為了不讓他去，才設下這個標準。

從南華山回到學校已經超過三個月，緊接著是學校新一批孩子的登山訓練。對於九月的合歡登山訓練，參與的孩子新舊雜陳，其中不乏爬過十次以上的老手，但也有在同學鼓勵下，第一次嘗試攀登訓練的孩子。在多方考量下，我決定在這次的登山計畫中增加一項功課，就是認識與辨別高山植物的種類。

這樣的設計來自於上次攀爬南華、奇萊南峰的課程中，孩子對於高山植物的興趣，因為夏季高山有眾多的果實可以嘗試，這對於沒有吃過野外食物的孩子，在勞累的登山活動中，有著猶如迷宮尋寶的樂趣。

孩子每看到一種果實，就開始問：「這叫什麼植物？這能不能吃？」因此，我想透過植物的辨識，讓孩子知道台灣環境的特色。再從這角度切入，逐漸擴及整個山野教育。

一旦渴望的種子在內心發芽，孩子學習的自主性會更強烈

九月，夏季的餘溫仍籠罩大地，我召集全校的學生，宣布合歡山的訓練課程。

「十一月底，我們要和三個學校的學生去嘉明湖，因此，今年的秋天，我們在合歡山有幾次的訓練計畫。」

「按照往例，你們要自發地做跑步訓練，同時對於高山的知識，也要不斷擴充。」我加重了語氣。

「要做哪些事？」一個五年級的學生發問。

「這次要認識高山植物。」我瞇著眼睛，環視全場。

「高山植物？」此起彼落的討論聲，開始充滿教室。

「我會印五十種合歡山常見的植物，讓你們認識。」

「不過，我要測驗，通過測驗的人才可以去。」我有點刁難地提出要求。我知道測驗這種事，會讓孩子失去學習的興趣。其實，我也不是故意為難孩子，訂出這樣一個標準。我是要看孩子對於登山，會不會因為增加知識測驗，而失去學習的興趣？同時還想了解：「一旦興趣在孩子的內心建立起來後，對於學習時所面對的困難，會不會因此而退縮？」

這件消息宣布以後，在各班級內有不同的反應。有的老師直接將植物的圖片貼在布告欄上，讓孩子每天耳濡目染；也有老師認為這是孩子自己要去努力的事，因此，不會刻意去提醒孩子。

但是這件事卻對思維打擊很大，因為他認為我故意刁難他，不讓他去，才設下這個標準。距離合歡山植物測驗的時間僅剩一日，但思維仍然憤憤不平。

我當然知道他平常成績不好，所以，相對的，對於測驗這件事一直沒有信心。於是我又集合學生，說明測驗的意義。

「認識植物這件事有特殊的意義，尤其是一些指標性的植物，因為它代表這個地方的環境特色與氣候條件。」

「知道當地的環境特色，你的登山準備與面對問題的判斷，才能更加精準。」我更進一步補充。

在跟孩子深談過後，我看到思維的臉色稍微和緩，我開始期待明天的測驗。

果不其然，思維通過了這項考驗，而且只錯一題。更讓我訝異的是，他是測驗的前一晚才開始準備的，也就是說，思維為了能夠順利登山，他是卯足全力準備，這件事讓我更相信，一旦渴望的種子在孩子的內心發芽，他們學習的自主性也會更加的強烈。

我完全服從雲豹的指揮

清晨，飄逸的微風，像看不見的手指，在我的心靈上彈奏著美妙的音樂。隨著樂音，車子在山路蜿蜒上升。看著這些帶領孩子們的小隊長，完全讓人難以想像，他們當初轉學到華南國小時，都是讓老師頭痛的人物。

雲豹就是其中的一位，但他在戶外找回了自信。

記得四年級時，他才剛轉學到華南，但三天一吵，五天一架。沒有他的日子，老師可能會更清心。但是自從他愛上爬山以後，我看到他稚嫩的臉龐多了一分成熟的氣質，尤其車子在上山的每一個休息站停留時，他不像初期剛爬山時那樣愛跑跳，反而恬靜地為適應高山壓力，來回信步。

到了北峰登山口，我特別交代孩子：「各位同學，今天來的老師，大部分是生手，因此，我們會期待小隊長盡更多的責任，有問題要跟正副隊長反映，而隊長也要多關照自己的隊員。」

隊伍猶如人龍蜿蜒而上，峰頂高聳參天，陡峭的山路，讓孩子吃盡苦頭。我知道前段五百公尺會是一個瓶頸，我讓雲豹放慢速度，掌控隊伍的節奏。

逐漸的，開始有人抱怨，也有孩子望著無盡的山頭，失卻攻頂的欲望。此時老手小昕很有默契的開始和同學一起找植物，發現玉山懸鉤子時（一種高山草莓），還讓同學一嘗那酸甜的味道；高山白株樹清涼的果實，讓孩子忘卻上山的苦澀。

但還是有人耍賴坐在地上，不肯再爬。這時，我看到雲豹走了過去。

「很快就到了，趕快起來啊！」雲豹鼓勵坐在岩石上的孩子。

「我走不動了。」孩子說。

「來！喝一口。」雲豹把水遞過去。

「背包給我，我幫你背到稜線上。」雲豹一手將孩子的背包拿起來背在前胸，並陪著孩子開始往上攻頂。

看了這一幕，我發現雲豹比我想像的更加盡責。

當我正琢磨雲豹扮演好隊長的角色時，轉頭一看，原來思維也背著另一個孩子的背包前進。

此時此刻，他們的行為影響著團隊的氛圍，沒有人再抱怨。

儘管隊伍開始拉長，但我總看到雲豹在前，思維殿後的關照隊伍裡的每一個人。

攻頂後，孩子在峰頂上短暫休息與遊戲。由於山上的氣候瞬息萬變，一陣雲霧飄了過來，開始有細雨落下，因此在足夠的休息後，一行人開始下山。

下山會比上山來得困難，這是我經常叮嚀的一句話，這也是小隊長深知的事情，因為速度一快，不是迷路，就是受傷。

雲豹帶著孩子開始往山下走，我很擔心隊伍行進的速度過快，因為一眨眼，孩子的身影已經變成一小點，我迅速地趕了過去，因為我必須在開始陡下的斜坡前加入隊伍。

當我趕上他們時，我發現雲豹已經在斜坡前整隊。他告訴隊員，斜坡會滑，大家必須小心地行走。我看到雲豹的表現，一顆懸吊的心，已放下大半。

「這裡會滑，要用登山杖先支撐再下。」雲豹在前面大喊。

「大家先把隊伍排好，等一下繼續往下走。」雲豹擋在隊伍前面，整隊說話。

雲豹看到大家依序的到齊，他將手放在頭頂，這時其他孩子們也將手放在頭上表示ＯＫ，隊伍才又開始往下移動。

對於在隊伍後面的我，此時我心中是多麼的驕傲，不由得自己也彎起手臂，放在頭上比了ＯＫ的手勢，我完全服從雲豹的指揮。

孩子自發性撿拾沿途垃圾

更難得的是，孩子自發性的沿途開始撿垃圾，當然這是每次叮嚀的結果，也是孩子在教室外獨特的表現。

雲海翻騰，大霧開始瀰漫山頭；寂靜的山徑中，傳來孩子規律的腳步聲。孩子，黝黑的皮膚不是偶然，當你一步步踩踏出去時，你知道嗎？一步代表信心的添增，一段路猶如生命的成長。

此時，不用多言，青山浮雲印證下，成年禮徒添形式，因為你們已經長大了。孩子，此刻我也才明白，你們用積極的態度，追隨前面的同學，這是何等的信心；是的，你們毫無畏懼的向前，正如強風帶雲而來，遇到岩壁迴旋，但終將破繭而出，這就是生命。

遺落的珍珠

「我想休息，明天再去看嘉明湖。」全人中學一位高二的學長提出看法。

「可是四點上嘉明湖，又馬上趕回來，體力會不會負荷太大？」一個孩子提出意見。

「我想現在就去爬。」昆維突然開口。

我手上拿著一張小到不能再小的信紙。這是剛從華南畢業的昆維，捎來的幾行訊息，述說他現在上國中的情景。

原來昆維在剛上國中時，學校要他們做健康操，反覆幾遍的練習，昆維頓覺無聊，於是虛應幾下，結果被老師看到。他下課後被叫到訓導處，要他重做給其他老師看。昆維覺得被羞辱，憤而舉起中指，卻引來更大的處分。

我看著信紙上塗了又改、改了又塗的文字，想像著昆維的心情，墜入回憶裡。

昆維總是會讓我想起南橫山上的嘉明湖，一顆被世人遺落的珍珠。湖水映照著太陽，一半雲遮，一半耀眼。

我有多麼想幫孩子找到方向，我有多麼想為他們鋪一條路啊！

昆維在小學四年級時，因為適應不了原本學校的體制，所以轉到華南來。

當時我看著昆維密密麻麻的資料，心裡有了擔憂，他的老師也彷彿如臨大敵。

果然，昆維不斷和同學吵架，老師每天都很頭大。在華南，因為班上學生少，孩子想被邊緣化，幾乎都不可能。我請老師多鼓勵昆維，老師也知道鼓勵的重要性，然而昆維的表現，常常如耀紅的陽光驚鴻一瞥，旋即又被烏雲籠罩，從朗朗晴空，再度陷入灰暗的世界。

可是，我有多麼想幫孩子找到方向，我有多麼想為他們鋪一條路啊！

讓孩子看到自己的優點

有一回，我看到昆維正在操場比賽大隊接力，我的目光完全無法離開他，因為他原本是最後一名，沒想到，他奮力追趕，竟在壓線時，變成了第一名。

看到昆維轉彎時的柔軟度與協調度，加上瞬間的爆發力，我無法克制狂喜。我喜盈盈地拍拍昆維的肩膀，一直傻笑地看著他。我心裡想：太棒了，這小子，終於讓我看到他的專長。

接下來，我告訴自己，我更要讓昆維看到自己的優點。

昆維愛玩，我也順著他愛玩的習性。我讓昆維先愛上爬山，從合歡山短程訓練開始，再進行長程耐力特訓。攀登嘉明湖原先不在我的規劃之內，因為我打算從合歡山訓練開始，然後南華、奇萊南峰，最後再登玉山，從玉山再回到合歡山。但因為玉山在排雲山莊改建後，遲遲沒有開放，加上台東文政校長的邀約，於是改成嘉明湖登山計畫。

爬山是訓練領導能力的好方法之一。從體能訓練、小隊合作、專業判斷等，甚至在爬山過程裡，還要負擔起瑣瑣碎碎的各種雜事。

如何讓昆維看到自己的優點？我選擇讓昆維爬山，讓昆維的能力被肯定。

合歡群峰的體能訓練，對昆維來說，果然沒有多大難度，他帶隊也表現不錯，尤其每當同學體能出問題時，昆維總是最好的支援者，這些，昆維的同學都看見了。

孩子是領隊，大人退居二線

臘月嚴冬，隊伍即將前往嘉明湖進行訓練。隊伍除了華南的學生，還有全人中學的四人學生小組、惠文高中的學生，以及賓茂國中的學生。嘉明湖登山隊除了華南國小之外，其他全是國中以上。

連夜與孩子討論路程的設計，因為此程孩子才是領隊，大人退居二線。如何讓孩子確知路線，如何調控速度，以及如何互相支援，今天將是關鍵的一日。

清晨天空灰濛，溫度低寒，外面有時飄著濛濛細雨，這是酷寒的十二月天。根據氣象報導，可能會有一道冷鋒南下。我們今天特別交代孩子，必須互相支援，尤其想家的小新，必須特別關照。

我伸手握起孩子的手，沒有多言，因為一切還是需要自己去克服

隊伍一路往上，我長年膝蓋的舊傷，隱隱作痛。不知是心理因素，抑或是低溫引發關節的不適應，我走在隊伍的最後面。

看著全人中學的孩子，三人一組，不但相互調整步伐，也配合整體的節奏，看得出來平日就訓練有素。

而我們的孩子由於彼此默契欠佳，昆維跳躍的心，又始終靜不下來，隊伍始終無法形成一定的節奏，加上小新心情不好，走起來總是不一致。走不到兩公里，華南的隊形已經潰散。

夜裡，我們住在向陽山屋，室外的溫度開始陡降，慢慢的，我也感受到低溫的凜冽，我暗自祈禱明日能風和日麗，可惜外面已經淅淅瀝瀝下起雨，隨著夜的加深，雨勢開始轉大。

我聽到雨聲中夾雜小新的飲泣，我伸手握起她的手，沒有多言。因為一切還是需要自己去克服。

天色尚未轉白，我已無法成眠。雨滴順著屋頂的破洞，剛好落在我的頭部。山屋裡此起彼落的鼾聲，震耳欲聾。

五度的低溫和稍大的雨勢，為一天揭開序幕。張眼凝望霧茫茫的山徑，我開始有點擔憂，孩子是否能夠負荷起今天的行程。

今天是陡上的行程，隊伍由全人中學的孩子帶領，約莫走了三公里，因為小新的速度開始變慢，經大家討論，決定分成兩梯前進，並將小新的物品分裝到其他人的背包中，這樣才讓隊伍的速度不至於慢了下來。

經過五小時的磨練，隊伍陸續抵達嘉明避難山屋。外面雨勢隨著高度的增加，寒雨打在臉上更加刺痛。雨水順著臉龐流入脖子，可以感受羽絨逐漸滲濕。

眼看雨勢毫無停歇，領隊召集大家，進行會議。

昆維的一句話，改變大家的決定

「這雨大概不會停止，我有兩個方案給大家選擇，一是等一下直接上嘉明湖，我們可以趕得及在六點以前回到山屋。另一案是明天凌晨四點出發，然後到嘉明湖後趕回。」領隊提出兩種方案。

大家一陣沉默。

「我想休息，明天再去看嘉明湖。」全人中學一位高二的學長提出看法。

「可是四點上嘉明湖，又馬上趕回來，體力會不會負荷太大？」一個孩子提出意見。

「我想現在就去爬。」昆維突然開口。

「剛才的風雨，我們都撐過來了。萬一明天雨勢加大，那不是更不可能上去？」昆維堅定地說。

昆維的一席話，道破大家的心思。

經過六小時的雨中苦走，大家都有點厭倦了，也不想再度前行，但昆維的話，讓大家有了新的省思，終於惠文與賓茂國中的學生也決定前往嘉明湖。

我們一行人再度挑戰約莫三四公里的行程，朝嘉明湖前進。這不僅是體能的挑戰，也是意志力的挑戰。當然，對於孩子的體力，始終在幾位登山界的老前輩掌握之中。

一路上，登山教練與昆維帶著大家往上走，我則是跟在小新身旁。

上了三叉山，雨勢稍微停歇，反而是強風跟著來攪和。小新的淚水和著雨水流了下來，我知道這是想家的情緒。

三叉山的峰頂氣象惡劣，而嘉明聖湖似乎不太喜歡生人打擾，霧起得更濃，濃得幾乎化不開。我們幾個人下切，往湖畔走進去，布農族的族人開始祭祀祖靈，而我走在湖畔，想要一窺千古以來的湖濱祕境。

沒想到，小新到了湖畔，卻開始放聲大哭。這是情緒的釋放，但也是意志力的潰散。果然，在回程的上坡路段，她再也不肯走上一步。迫不得已，教練只好背她一程。

上坡途中，惠文高中的一個學生也因為不習慣長途跋涉，幾乎走不動。在探視狀況後，得知不是高山症，稍做處理，我們又繼續踏上歸程。

小新的狀況隨著雨勢的散去而逐漸好轉，她開始有說有笑的回到山屋，而昆維則跟著登山前輩，一路學習在今天所遭遇的狀況中，該如何下判斷。

昆維，自從嘉明湖回來後，他像是一顆早被世人遺忘的珍珠，再度重拾光彩。昆維雖然與同學仍有衝突，但至少他從山野找回了自己，也找回了自信，同學更開始信任昆維的帶隊能力。一年後，昆維進入國中的體育班，開展他的人生。

孩子，只要是長途旅行者，大半時間都必須跟自己對話，自己詮釋，自己料理生活，然後慢慢地由幼稚而成熟。這是很難熬的過程，因為你們平常一大半時間都必須放在讀書上，對於生活也就逐漸淡化，也因此，對於這樣的旅程顯然不適應。但是這趟旅程我們並不孤獨，因為一路上都有我們學習的夥伴，而風雨就是讓我們面對的困境。沒有辛苦的挫折，就如初釀的新酒，清而不純。

世界雖然紛亂，但心是沉靜與明亮的。從山裡，我們找回遺落的珍珠。

如今，看著昆維寫來的信，我在心裡默禱，昆維，人生很長，國中只是人生的一個階段，校長希望你挺過，因為，你是我們遺落的珍珠，而且，你已找回自信。

不攻頂的勇氣——玉山之行

到了登山口，雨仍然在下，我馬上當機立斷，說我們不上去了。看到孩子們的臉龐，在雨滴裡夾雜著失望，我心裡其實也很掙扎。

當學校石朴甫抽新芽，移棲的候鳥開始旅行，早早約好的玉山訓練終於要成行了。夥同樟湖、成功兩校的夥伴，我們預計於杜鵑花盛開時，一同上山親睹芳澤。會有這樣的計畫，其實是十幾年來看到孩子長時間一而再，再而三，宛如機械式的讀書、複習、考試。台灣的教育界，猶如宗教狂熱的信仰，信仰那只要不斷的面對黑板與試卷，終究有一天會出人頭地。只是這樣的事情，完全沒有科學根據，即使演繹法則不斷的推論，也無法得到滿足的答案。

相反的，眾多的科學實驗告訴我們，**唯有強化孩子自主意識，不斷擴展外在的經驗世界，同時深化內在的邏輯思考能力，才能引導出孩子真正的學習力**。

或許，第一線的老師也知道這才是要走的方向之一，但是糾結的文化結構又把老師迅速的打回原形。也因此，在華南的日子，我都要奮力踏出那一步，衝擊這深不可測的文化慣性。

因此，華南這幾年陸陸續續讓孩子到戶外進行長期的學習與研究，不管是單車課程或溪流課程，逐漸讓孩子擁有一些能力。

獨角仙可不可以抓？這是生命的問題，不是法令的問題

幾年前，成功國小的蔡校長找我一起帶孩子去騎腳踏車，我一聽覺得這點子真棒，在不斷構思與討論下，開啟了學校的單車主題課程。後來蔡校長又再度找我要爬玉山，我一聽也覺得很棒，其實這念頭已經在我腦海裡迴盪了兩年，因為，雖然華國南小位於半山腰，但住在山上的孩子無論對於山的知識，或者對於山的尊重，其實是不足的。

我曾經看到社區家長在半夜爬起抓獨角仙。獨角仙可不可以抓？其實這是生命的問題，不是法令的問題。一隻獨角仙不是用三十至五十元的價格論斷，而是要給

孩子一份對於自然界一草一花的等同看待。生命如此，人與人相處也是如此。

為爬玉山，孩子們自我訓練

早在三個月前，我就跟孩子提到爬玉山。通常這種事，孩子會比老師、家長更積極。為了能夠有爬玉山的能力，孩子們彼此自我訓練，在汗水中跳繩和跑步（在一到兩個月內跑完三百五十圈操場）。

其實，這些自我訓練，我是不會干預他們的。當然，他們中間也有人偷懶、沒做到的。有一次合歡山高地訓練，一個孩子興沖沖地爬到一半，卻突然發現自己爬不動了。我相信這孩子一定是滿腦子的懊悔，因為從他看我的眼神，我讀到他心裡的不好意思。

事隔一個月，玉山行程即將啟動，我一再的檢查裝備，但心裡其實七上八下。我擔心天氣狀況不是很好，也憂慮孩子到底有沒有把我的話聽進去。就這樣，我們一路到了塔塔加。

在上東埔山莊時，外面下起綿綿細雨，不大，但有點令人討厭。卸下裝備前，孩子就面對玉山的第一堂課，也就是一群台灣獼猴。

猴群包圍著我們的車子，我打開車門，走出車外，樟湖的學生也一同下車。這些孩子看到猴子很高興，隨手拿起一些小零食給猴子。我來不及阻止，悲劇已經發生。

猴子看到有食物，就衝過來，在樟湖廖校長的車子內搶走了一包肉鬆，大家還驚魂未定，另一輛車也因為沒關好行李廂，被另一隻猴子聲東擊西的再搶走一袋吐司。

孩子的第一堂課，在驚喜交加中開啟。

事後，我與孩子好好溝通，餵食野生動物所產生的問題，不僅是當下好玩而已。

原本以為離開就沒事，到了山莊，大家正準備卸下行李，旁邊卻有一隻落單的獼猴虎視眈眈。

我們主任拿了一串素粽子，準備進到廚房蒸煮，這是我這幾天的食物。結果半路被攔截，整串都被搶走，還好我越過欄杆，搶回了幾顆，至少還不是全軍覆沒。

雨勢加大，而且沒有止歇的跡象，山嵐被雨沖散後，遠方山巒因雨越顯模糊。

雨中的觀察課

儘管下著雨，在我和惠文高中趙育興老師討論後，我們還是進行了觀察課程。孩子穿起雨衣，漫步到外面，看到樹上長滿了松蘿。

「為什麼有些樹上長了松蘿？有些樹卻沒有？」我開啟第一道問題。

孩子三人一組進行討論，討論了半天，卻沒有人想去看看松蘿的樣子，後來有一個孩子終於開口說話了。

「老師，可以摸摸看嗎？」柚子問。

「當然可以，你可以摸、可以聞、可以進行任何形式的觀察。」我更進一步引導。

「校長，好像石頭上也有長松蘿？」一位小女生發現這個現象。

小女生的發現，讓其他的孩子也轉移目光，接著在鐵板、水泥牆上陸續發現有松蘿附生在上面。

突然，孩子都變得很有興趣，且遠遠超乎我的想像。

「雖然松蘿不只長在樹上，連石頭上、鐵板上也都有，但是偏偏有些樹卻很少被附生，為什麼呢？」我開啟第二道問題。

經過仔細觀察，孩子們發現被附生的樹都有一個共同的特質，就是樹皮容易含水。反觀有些樹皮很光滑，不容易含水，松蘿當然就不容易長出來。

但是問題又來了，石頭和鐵皮呢？為什麼它們也長出松蘿？

「有孩子說，因為粗糙的樹皮卡著泥塵，所以松蘿可以生長在上面，那怎麼解釋鐵板上也有松蘿？」趙老師提出疑問。

「會不會是鐵板凹凸不平？」一位孩子解釋。

「沒有啊！有些鐵板很光滑。」另一位孩子提出不同看法。

當大家正你一言我一語熱烈討論時，突然有孩子看到其他地方的鐵板，竟長出一些不像松蘿的植物。

「老師，這是什麼東西？」一個孩子好奇地問。

「那是苔蘚，是微小且柔軟的植物。它們通常會群聚生長於濕暗的樹叢或地面上。」趙老師回答。

「耶！這裡長松蘿的鐵板，也都有苔蘚生長。」

哇！孩子們終於觀察到這個現象了。我在心裡大大的微笑著。

在大自然中，孩子展現的驚人能力

在大自然中，孩子的觀察的確非常敏銳。他們發現石頭和鐵皮都是先長出苔蘚，然後才有松蘿。

這讓我很驚訝，孩子在自然中，確實打開了他們的感官世界，而且在推理上確實展現了本身擁有的天賦。

當然課程不只松蘿這個主題，我們也問了孩子們毛地黃的顏色問題，為什麼紅色的花朵比白色花朵還要多？以及孩子沿路記錄阿里山公路的植被分布、合歡山與玉山坡度的問題等等，這些問題當然就是要讓孩子去探索。

當孩子看過、想過，並且經過合理的推論與印證，這樣邏輯思考的能力才會被引發出來。

外面開始轉冷，雨也下得有點大。我們從遊客中心走回上東埔，有孩子被淋濕褲子，等洗完澡，大家集合到寢室，面對一堆潮濕的衣物，孩子開始有抱怨。

我理解這情境，但我告訴孩子：「下雨本來就是正常的現象，潮濕也是一種體驗，台灣一年有超過三分之一的雨天，如果沒辦法克服風雨，那還談什麼山林體驗。**有風有雨才是真正的旅程，正如未來的人生，可能是順境、逆境，當面對問題**

時，如何調整心情最重要，因為沒有解決不了的事情，只有過不去的心情。」

第二天，我們在鹿林山莊進行天文課程，外面仍然有雨，不大，但足以淋濕衣服。我們利用吸管和紙杯做了一個星星觀測器，大家很有興趣，而且很專注。晚上，我們利用早上做的星象觀測器，測量星星運行的軌跡。這個觀測方法是惠文高中的趙老師自己設計的，利用簡單的塑膠投影片，配上星星觀測器，竟然就可以讓學生觀測星象，並且畫出星星運行的軌跡，難怪學生可以專注一兩個小時而不倦。教學其實只要用心，學習當然就會有品質。

不攻頂的勇氣與判斷

第三天，原本已經停歇的雨勢，隨著天亮而下得越來越大。我整夜都在看衛星雲圖，孩子也掛上晴天娃娃。清晨，看到孩子們蓄勢待發，檢查好裝備後，我發現樟湖國小的孩子，有人只穿了輕便雨衣，而且已經破洞，這讓我心中平添了幾許憂愁。

大夥兒開始整裝準備到登山口，看到雨勢逐漸變大，而且是這三天中最急的雨勢，我和夥伴先把車子開到山下，在警察小隊遇到了北峰氣象站的主任，他正要到北峰上班，我問了他意見，也給他看一下雲圖。

他告訴我，這樣的雨會連續下三個小時。這讓我心中充滿不安，和幾個校長討論後，決定先走一段看看。到了登山口，雨仍然在下，樟湖廖校長卜了一卦，說此行吉凶參半，當然我馬上當機立斷，說我們不上去了。

看到孩子們的臉龐，在雨滴裡夾雜著失望，我心裡其實也很掙扎。我跟孩子們說，登玉山並不是每次都能成功，就像人生有情與無情都會經歷，但風雨會讓我們的旅程更加豐富。顯然，這次我們的準備不足，所以上天並不有意讓我們一窺玉山全貌。

孩子們，不要失望，自古聖山就矗立在那裡，有多少人氣高傲滿的完成全程，但又如何？人要懂得謙退，懂得反省。很少有人會到了登山口，而不去攻頂的，只有我們可以做得到，這要有足夠的勇氣和判斷。

孩子們，我允諾大家，下一次登山時，只要你們學校允許，我一定再找你們回來，讓這段行程更豐富。

風雨教室

一個二年級的小女生才走沒多久，眼眶開始濕潤，眼淚撲簌簌地掉。混著打在臉頰的雨滴，流入嘴唇。

不敢哭出的飲泣，可以看到她心裡同時有退縮的衝動與榮譽感，在她心裡交戰。

早在幾個月前，每日晨曦初上，操場上就固定有一群孩子繞著操場跑步。沒有人逼他們，但是他們卻每日重複這麼做。而跑完步後，孩子紛紛拿起筆，在自己的「自主訓練表」中畫個圈，代表自己又跑完二十圈操場。

華南推動山野教育已經超過三年。看到孩子登山後的成熟度，讓原本不喜歡爬山的我也開始喜歡爬山，儘管每次我都走在最後。

一個從事自然觀察研究的人，卻鮮少登上百岳，看起來頗為奇怪。記得我大學剛畢業時，和同學相約上百岳，第一天就走了七八個小時，我疲累不堪。更慘的是，回程，我還扭傷了膝關節。

那時我在三千公尺的山上，第一次感受到山是那麼遙遠與令人敬畏，因為受傷，同學只好背著我，一步一步往山下踱。那一次的慘痛經驗，加上醫生警告我短期不能再爬山，慢慢地，我與高山漸漸疏離。

不管是學校，或者民間組織，生態教育的推動，我一直非常熱衷，但是面對高山，我還是有心理上的障礙，這障礙當然是多年前膝關節受傷的緣故。直到近年來，我看到孩子學習的需求，也陪同孩子登上百岳之後，才慢慢消除心理的關卡。

生活的信心無法單純從課本獲得

幾年前，我開始帶著孩子登三千公尺以上的高山。對於學業成績不理想的孩子，我驚訝地看到，當他們登上百岳，他們是那麼可以從爬山這件事，建立起他們在生活上的信心。

每當孩子挑戰後回到家裡，對於自己的「偉業」的驕傲感，會慢慢讓他們轉成一種成熟。雖然還是無法一下子就改掉一些習慣，但這已讓我喜出望外。

長久以來，我一直想去理解獨立自主的背後課程觀，但總是一知半解，後來我才知道，**生活的信心無法單純從課本得到，必須身歷其境，面對挑戰後，才能建立**。這也讓我逐漸愛上爬山，當然沒有別的原因，就是愛看孩子爬山後的成就。

十二月八日是今年最後一次的登山課程。原本活動是安排在十一月中，但因為大雨攪局，只好延到十二月。

這次參加的學生，從一年級到六年級都有。這是華南為了讓孩子有更多的參與，為了讓課程有更深層的傳承經驗，因此，只要有自主訓練的孩子，我們就盡量讓孩子上山。

畢竟孩子願意為了那苦不堪言的登山過程，付出代價的自我訓練，這是需要多大的毅力與耐力。雖然我也知道有人會偷懶、有人會找藉口，但是有願意去挑戰的心，其實已經是有足夠的勇氣。

當然我也知道，如果沒有萬全的準備，上山之後必定會有一番寒徹骨。於是，在經過幾番細思量後，我們決定先建立孩子的經驗，再慢慢給孩子知識，至少後來的知識，會是他身歷其境的感受，那麼，孩子的獲得將更深刻。

出發前一天，仍然感受到天氣的不穩定，但隨著寒冬逐漸逼近，時間已經無法再延了，因此，我們決定依約上山。

車子浩浩蕩蕩地往合歡山前進，原本預計的塞車狀況，因為寒冷而沒有看到。隊伍很快地到松雪樓。甫下車，寒風迎面刺來。孩子打個哆嗦，才發現今天的挑戰，可能嚴酷異常。

雨勢完全沒有停歇的跡象，雖然不大，但夾雜著寒風，在攝氏零點七到四度的低溫下，體能的消耗會更大。

孩子朗誦祝禱文

孩子在寒風斜雨的廣場圍成一圈。由六年級的同學，開始朗誦祝禱文：「我們將以高度的內觀智能，踏著前人的足跡，克服自己的缺陷，攀向內心的峰嶺。在彼此生命的交流，相互合作……」儘管風聲呼呼，但在彼此的鼓勵下，隊伍開始朝峰頂前進。

沒有人會喜歡在雨中行走，尤其是在淒風苦雨中，步履更顯蹣跚。一個二年級的小女生才走沒多久，眼眶開始濕潤，眼淚撲簌簌地掉。混著打在臉頰的雨滴，流入嘴唇。不敢哭出的飲泣，可以看到她心裡同時有退縮的衝動與堅持榮譽感，在她心裡交戰。

我幫忙擦去她的眼淚，告訴她：「加油，上次你爬得很好，這次應該也沒問題！」小女孩看著我，眨了眨眼睛。她起步往上前進，雖然手凍腳麻，但依舊熱著心。看著一望無際的頂峰、陡峭的山壁，雙腳顫抖。恍惚之間，猶如巨獸之利齒，朝向小女孩撲來，我知道她雖然害怕，卻依然一步一步朝向目標前進。

每個孩子，都願意伸出另一隻手，去拉夥伴一把

隊伍走到了一半，開始有人跟不上，小組的功能於是開始運轉。

「我真的不行了啦。」一個小女生停下腳步，喪氣地垂著頭。

「怎麼了？」小隊長馬上跑來關心。

「我……」小女生頭更低了。

「有沒有心跳加速？要不要喝一點水？」小隊長脫下自己的手套，量測小女生的脈搏。

小隊長不顧雨水侵入手套，手指幾乎凍麻。他低下身子，仔細量測小女生的脈

搏。當他知道小女生是信心不足時，小隊長開始對她信心喊話，不斷的鼓勵，甚至拿出自己的開水，遞給因為冷到拿不出水瓶的同學。

看到每一個孩子，願意伸出另一隻手，去拉同行夥伴一把。我心裡的那種悸動，頓時讓我明白，原來課綱所談的「生命喜悅」，是完全可以在這裡實踐，而且那麼自自然然，一點都不需要勉強。

沿路的山友，不斷地稱讚與鼓勵。終於，第一批的孩子開始接觸山頂。

頂上的風，更是凜冽，每個孩子彎著腰，就怕強風撕裂僅存護身的雨衣。

當孩子看到三角點，淚中含笑。

從每個人扭曲的表情，可以看得出來，此程的考驗，必定為孩子留下深刻的記憶。

學長姐願意背負好幾個背包，只為幫忙虛弱的學弟妹

峰頂無須久留，上了山，就得下山。上山是一種期待與完成，下山則是姿態與胸懷。

慢慢的，頂上的孩子開始往下走，和仍奮力往上的孩子，彼此有了交會。

一句句鼓勵的話，從孩子的口中迸出。最後一批的孩子，終於也到達目的地。

我們上山下山這麼多次，但這次顯然不同以往，因為孩子吃盡了苦頭。

回程時，看到學長姐一人願意背負好幾個背包，只為幫忙虛弱的學弟妹。我更肯定這種混齡的學習，將一屆傳承一屆。

如果山是一所教室，那肯定在烏雲逐日，雨隨風來的時節，要給孩子上一堂激勵的課。

孩子們依約上山，也不負期望的完成自己的夢想。夢想隨著車子返回故鄉，孩子的壯舉，已逐漸地被感染。

當父母看到孩子的眼睛閃爍喜悅的光芒，終於相信，爬山不再只是爬山。

卷四

自主服務旅行

（由孩子自己規劃的校外學習、服務）

「轉大人」(一)

「因為六年級的同學說要成年禮，所以這份計畫，你們要自己寫。」我不減臉上的笑意。

「啊！」一聲後，之前的雀躍好像被澆熄了，全場一陣靜默。

「還有，包含你們要去的路線，也必須自己規劃、聯繫，住宿點也要自己找。但最重要的是，行程必須有意義，不能流於娛樂性質。」我一連串的說完。

讓孩子看到自己缺點的課程

是我期待太高?或是要求太多?對於即將畢業的六年級孩子，我有些憂心。在能力展現與課程設計上，孩子過於依賴老師給的材料，以至於面臨挑戰時，心裡會有怯懦及抗拒。如何解決?為了讓孩子自主展能，第一步是讓他們了解自己有什麼缺點，然後針對缺點，著手改進。

五月上旬，六年級的雲豹跑來找我。

「耶，校長！」

「怎麼了？」我狐疑的看著他，因為雲豹很少會到校長室來找我，大部分的時間都是我去找他。

「可不可以舉辦一個單車成年禮？」雲豹很興奮。

「成年禮？什麼是單車成年禮？」

「就是單車環島啊！」

「單車環島？你們不是去過好幾次了？」

「那不一樣啦！那行程都是你們安排的，而且一點挑戰性都沒有。」

說到這裡，我已經了解雲豹的心裡在想什麼。自從他四年級開始參加學校的單車課程，五年級，他擔任副隊長，六年級，擔任隊長。表面上看起來，他很威風，尤其在其他同學面前，但我知道他其實很想來一場真正屬於大人世界的環島之旅。

我沒有馬上答應他，只笑笑地跟他說：「我會好好地慎重考慮。」

雲豹的提議，是一個很好的切入點。我本來心裡也在構思，要在六年級的孩子畢業前，設計一次能夠讓他們看到自己問題的課程計畫，讓他們「轉大人」。

「轉大人」就是培養孩子在成長過程中，有獨立性，能自主學習。至於做法，則必須讓孩子看到自己，從了解自己後，找尋學習的意願，這樣才有學習的渴望。另外，我也期待孩子能在生活中展現信心，從與他人在互助中，體會生命的喜悅，並能夠在學習的基礎中有創新的勇氣。

只不過這份計畫，我不願意自己提出來，因為如果我在公開場合提出這想法，一定會有孩子認為那是你們大人玩的遊戲，而此時雲豹拋出這樣的想法，雖然我沒有馬上答應他，但我心裡其實一陣竊喜，也認為時機點到了。

孩子規劃、聯繫行程，且不能流於娛樂性質

在一次全校集合的場所中，我說明這件事情。

「各位同學，六年級的學長姐即將畢業，我們也看到他們這些日子在學習上的努力。日前有一個孩子來跟我講，希望舉辦一個成年禮，我跟幾位老師商量了以後，決定答應他的要求。」

「哇！」全場一陣騷動，聲音此起彼落。

「只不過，我有一些條件。」我微笑地說。

「什麼條件？」一位五年級的同學率先發問。

「因為六年級的同學說要成年禮，所以這份計畫，你們要自己寫。」我不減臉上的笑意。

「啊！」一聲後，之前的雀躍好像被澆熄了，全場一陣靜默。

「還有，包含你們要去的路線，也必須自己規劃、聯繫，住宿點也要自己找。但最重要的是，行程必須有意義，不能流於娛樂性質。」我一連串的說完。

人群中又開始窸窸窣窣討論起來了。

「校長，請問如果大家要去不同的地方，那怎麼辦？」開始有人提出各種疑惑。

「嗯，這我們有想過，所以一個小組不能超過五個人，另外，原則上老師都不會跟。」

學校同仁龐大的擔心

當我陸陸續續回答學生各種問題以後，真正擔心的反而是學校的同仁們。因為孩子才小學六年級，雖然在這所學校，他們學會了更多能力，但他們真能處理迷路、各種未知的危險與衝突嗎？萬一發生事情，我們該如何面對家長？

我除了一一跟老師討論，並盡可能的沙盤推演外，其實，我認為最重要的，我告訴同仁，我們大人要學習著放手。**唯有放手，才能讓孩子看到自己的問題，也去碰觸一些學校都不願意碰觸的問題，另外，很重要的是，我們不能過於美化孩子的學習成就**。

當我把「自主服務旅行」的想法拋出以後，陸續有一些孩子開始找夥伴。

這是一件很殘酷的事情，有一些個性不好的孩子，往往會被邊緣化，也有一些本來就不太想出去的孩子，也可能會沒有動作。

當我看到事情慢慢朝向這方向發展時，我一則以喜，一則以憂。喜的是，這就是我們要讓他們看到的事情。我希望他們了解，人和人的相處必須建立在信任和合作的基礎上，不能單靠聲音就壓過其他人。

但我擔心的是，在孩子還沒想到這些事情時，彼此的信任關係就已破壞。所以我又緊急和孩子開了一次會議。我們共同訂出一些原則，如計畫必須自己評分、家長必須同意、導師許可，以及學校認可，其中更包含如何協助其他同學成長，如何看到自己的缺點。如果這部分做不到，就不能成行。

經過兩星期以後，出乎我意料，六年級全班十六個孩子，已有四組初步成形。只有兩個孩子原先就沒有意願，當然我們也不能勉強他們，畢竟這是後來加上去的計畫。

隨著天氣轉熱，計畫發展也看到雛形。有一組以他們專長的兩棲類觀察，作為服務工作，所以他們選擇台北某個公家機構當志工。食宿都安排好了，但卻臨時發生一件烏龍。

原先答應他們的機構，知道他們是小學生時，拒絕了這件事。主要是他們都以大學生為主體，從來都沒有小學生去當志工，因此他們不敢，也無法答應這件事。

另外一組，選擇中部的救傷中心作為服務機構，但公家機構假日休息，而孩子們的計畫有兩天橫跨星期六、日，這對救傷中心而言是一種困擾。

這些孩子在幾次的挫折後，加上老師告知有些孩子的表現違背當初的原則，最後只剩下兩組，共八個孩子踏上旅途。

這兩組，一組要去南澳自然田和淡水伊甸的安養中心；另一組要去新竹橫山的天人教會服務學習。

全場一陣譁然

在出發前，我們安排這兩組學生對著全校的師生，簡介他們這次行程的意義和安排。

我想這是重要的工作，因為**學習的鋪陳除了理解活動的意義外，同時要讓孩子針對學習的主題，精確的掌握目標，並透過分享，形塑學校的文化**。等回程後，學弟妹也才能針對他們當初設定的目標，進行驗證與思考。

就在大家沉浸在兩組的服務內容時，我卻一直覺得有個地方怪怪的。

「新竹組的組員們，你們可不可以再講一下，你們第四天的時間安排與活動內容？」

當我提出這問題時，新竹組的成員突然表情僵硬，形色緊張。

「怎麼了？有什麼問題嗎？」我問。

現場一陣靜默，沒有一個人開口，大家也開始覺得很奇怪。

終於，大胖支支吾吾地開口了：「我們第四天要去遊樂區玩。」

全場一陣譁然，因為從計畫內容根本看不出他們要去遊樂區玩。

我心裡有一股火冒上來。我聲色俱厲的念了他們一頓。

看到四個人默默低著頭。突然間，我覺得我錯了，我怎麼能沒讓他們把事情說清楚，就劈頭一陣罵。在處理這件事情上，我實在太急躁了。

後來，我才知道，原本那天他們要去醫院服務，卻因為招待的親戚臨時有事，只好取消，他們也就只好自己安排去遊樂區，打發時間。

當然，我也很佩服這幾個孩子，他們一定在自律與自覺中痛苦地擺盪。雖然他們沒有遵循當初訂的原則，但一定也經歷過相當的內心掙扎。

只可惜，最初提出這份想法的雲豹，卻未在此次計畫中成行。

下田（二）

「校長，告訴你一件事。」
「什麼事？」
「新竹這一組買錯了車票。」
「買錯了車票？」我心裡竟然興奮了起來。

一波三折

等待是最難熬的，偏偏又遇上了不確定的事。

就在出發的前三天，其中一組的小固遇到了麻煩。他染上了腸病毒，這對他來說猶如青天霹靂。

整整辛苦籌畫了一個月，卻在出發前夕，被通知不能前往，這對小固來講，完全無法接受。課堂上的他，就像洩了氣的皮球，完全提不起勁。一放學，就要求媽媽帶他去看醫生，希望從醫生的口中聽到好消息。不幸的是，醫生不建議他去，讓他整個沮喪到極點。

離出發還有兩天，小固跑來找我，看我有沒有辦法幫他，延期也好，或者晚一天去也可以。另外，他一有時間，就休息治療，看有沒有奇蹟般的神靈附身，讓他一天就痊癒。

但是我告訴他，車票你們已經買好了，也跟農場登記了，我想就按照原先的計畫進行。雖然你不能去，但這也是計畫必須要考量到的事情。

聽完我的話，小固眼神中的最後一絲光彩都消失了。看得出來，他好落寞。

最後，他決定明天請假一天，整天都在家休息。其實小固不講他感冒，我們也看不出來，因為整個人看起來活潑蹦跳，絲毫沒有感冒的症狀。

翌日，平常有起床氣的小固，不到六點就起床了。他開始在家裡走來走去，喃喃自語：「咦！我沒有怎樣耶，說不定是醫生誤判。」

小固的父親沒好氣地轉述這段過程給我聽。我看得出來，小固有多期待這次的旅程，畢竟這是由他們自己完全主導的一次校外學習。

小固的父親請我給小固一個機會，如果今天晚上醫生說沒問題，那就讓他前往。

出發前的最後一日，小固到學校上課，他又跑來找我。

「校長……」戴著口罩的小固用細微的聲音喊著。

「嗯！什麼事啊？」我故意問他。

「我是不是要去退票？」小固的眼睛流露不捨。

「今天晚上給醫生檢查後再說。」我想起對小固父親的承諾。

突然，小固的眼睛一亮，他看著我說：「校長，你再說一次！」

「你要不要再去看一次醫生？」我瞥了他一眼，淡淡地回答了他。

「你是說我可以去？」小固用狐疑和興奮的口氣問我。

「我不知道啦，但是決定權在醫生，假如醫生說可以前往，那就沒問題。」

或許是神蹟，或許平常小固去教會有虔誠禱告，當天晚上，醫生說病情已無大礙，只要戴著口罩，就可以跟大家一起出發。這段話讓小固興奮不已，並且重新加入四人小組。

夜裡的一通電話

那一夜，孩子的心情猶如燦爛繁星，經驗豐富的他們不到十點就已紛紛就寢。

但好事多磨，才剛睡著，南澳自然田打了一通電話給孩子們。

原來按照兒童福利法，沒有大人陪同的話，依法不能收留。

這又讓孩子們緊張起來。小固打電話給我，焦急地問我該怎麼辦。

我笑笑地跟他們說，雖然這是他們四個人的旅程，但我已經約好兩組攝影師要和他們一起前往，而我和另一位大人會各跟一組，但只陪同，完全不干涉小組的運作。

孩子聽完後，放下心中的一塊大石頭，安心地入睡。

驚險一刻

熙攘的斗六車站，不到六點就已經人聲鼎沸，往來的人潮幾乎都是通勤的學生族。

我背著背包，走進車站大廳，映入眼簾的是，竟然所有的孩子都已經到齊。他們背著厚重的行李，稚嫩的臉龐帶著一股傲氣，因為他們即將踏上由自己規劃的第一次旅程。

就這樣，我跟著南澳小組出發，他們要先搭區間車到彰化，然後換搭太魯閣號到羅東，再轉乘莒光號到南澳。

四個孩子各自帶著大包小包行李，宛如行軍打戰，又像剛從菜市場買菜回來一般，簡直讓人傻眼，因為連過關拿票，幾乎都騰不出手來。

孩子在擁擠的車站等待列車進站，好不容易擠上車廂，火車緩緩駛向彰化。看著孩子謹慎的觀察每一站，顯然做足了功課，而我原先期待發生的迷路、坐錯車一事恐怕會落空。

就在我看著孩子的表現，手機突然響起，電話另一端傳來阿吉老師的聲音。

「校長，告訴你一件事。」

「什麼事？」

「新竹這一組買錯了車票。」

「買錯了車票？」我心裡竟然興奮了起來。

「對啊！他們買到昨天的車票。」

「然後呢？他們怎麼反應？」我追問。

「負責買票的大胖被小組的成員一陣責罵，然後他們緊張的等待列車長來補票。」

「那不是又要多花一筆錢？」

「是啊！但大胖說他會分期付款還給大家。」

哇！這多有趣的畫面。

其實，**在孩子學習過程中，等待、責難、轉化、體諒、面對問題的處理態度和方法，都是難得的經驗。尤其在失敗中所獲得的方法，往往更可能是孩子生命的轉折點，這也是孩子成長的重要經歷。**

打工換食宿

而南澳組的孩子知道另一組的豐功偉業後，他們更戰戰兢兢地掌握每一個細節，換車、看站。孩子在嬉笑中，中

午時分終於到了宜蘭的南澳站。

甫出車站，南澳以炙熱的太陽歡迎孩子們的到來。

小固打電話給自然田的江伯伯，問明了前往的方向。一行人沿著蜿蜒小徑，我心裡還有些遲疑，但約莫走了一公里，竟然被孩子找到了換工客棧。

南澳自然田必須換工才能在此食宿，這也是當初孩子選擇這裡的目的。主要原因是可以節省一筆經費，同時也距離學校越遠越好，這樣才有探險的味道。

只不過，孩子到了客棧，才知道早上必須工作三小時，下午也要換工三小時，並且在這裡的期間，還要煮一餐給大家分享。

不知天高地厚的孩子們，還不知苦難即將發生。

一身狼狽

午後的南澳，除了呼嘯而過的卡車聲外，大地一片靜謐。興奮過頭的孩子，穿梭在大街小巷，與在客棧休息的換工夥伴，形成截然不同的對比，宛若兩個世界。

三點一到，江伯伯開始吆喝，下午要去稻田裡鋤草。

每個人都穿了雨鞋，跨上腳踏車，開始往田裡集合。一片綠油油的稻田，遠山疊翠，加上被驚起的白鷺鷥，如果是在這邊度假，那有如世外桃源。

在南澳騎了十分鐘的車程，帶隊的小猴子已經將隊伍帶到下工的地方。小猴子是一位在人文國中就讀的國三生，他以自學的方式，長期住在自然田學習。

小猴子遞給每個人一把鐮刀。他告訴所有下工的人，必須在六點以前，將眼前長得比稻子還高的草，全部拔除乾

淨。

雖然我們是來自農業縣的鄉下孩子，但這些孩子，從出生到現在都沒有下過田。孩子穿著雨鞋，走進田裡，第一道難關就出現了，他們分不清楚稻子和雜草的差別。在五穀不分的情況下，有許多的稻子慘遭割除。

這也罷了！烈日下，孩子開始浮躁，而不斷彎腰、割雜草，更讓他們腰桿簡直要斷掉，不用聽他們哀號，我就知道他們累翻了。

還不到四點，每個人的臉上都沾滿了泥巴。

亦欣首先發難，他跑到水溝玩水。默儒看到亦欣開始休息，也要求要下課十分鐘。就這樣，孩子玩了起來。不知道過了多久，輝家可能看到其他換工的夥伴仍在鋤鋤草，就自動地回到行列，其他孩子也陸續歸隊。

但是被撩起的玩心，有時很難收回。尤其亦欣受不了泥土的味道，他整個下午一直喊身體好癢，他還慫恿其他同學一起休息。

這些從來沒有下過田的孩子，這次是真正體驗到種田的「痛苦」。對於師長所講的「泥土的芬芳」、「翠綠的稻田」等印象，瞬間完全破滅，取而代之的是「我以後要努力讀書，將來看能不能不要種田。」

如果我將這段話轉述給他們的導師聽，想必導師一定氣昏。給了孩子六年的課本知識，卻只在一個小時裡就完全破功。看來種田體驗還有一個額外的功能，那就是激勵學生努力讀書。

雖然第一天的換工是以如此的結局收場，但看著夕陽伴著孩子騎車的身影，我仍然覺得世界是如此的美麗和值得期待。因為**痛苦後的反省，往往能醞釀出甜美的味道**。

淨灘（三）

「我以前曾經找過附近的學生來種花生。」江伯伯說。

「那時候，孩子也跟你們一樣很喜歡玩。」江伯伯繼續說。

「等到花生種完後一個月，才知道花生幾乎都死光。那年我損失慘重。」江伯伯一臉嚴肅。

勞動後的夜裡，想必是一夜好眠，但事與願違。孩子橫躺在木床上，聽電風扇吹打著蚊帳，整夜折騰，不到早上六點，孩子們就醒來了。

孩子們揉著惺忪的睡眼，看著大人在廚房一碗接著一碗的享用早餐，亦欣卻連動也不動。因為吃早餐對他來說，是一件痛苦的事。亦欣從小早餐就不正常，更何況這麼早吃。

一陣勉強過後，孩子們起身要去清水斷崖下的海邊淨灘。

清水斷崖，這是多美麗的名字。對孩子來說，大概只有在課本上讀過。一般民眾，除非刻意，否則也很難親臨現場，更何況，還能漫步在山海之間的細長廊道裡。

我們一行人浩浩蕩蕩騎著破舊的腳踏車，穿過南澳市區，越過台灣最乾淨的溪流，來到海邊，一處只有山跟海的世外桃源。

但烈日當空，世外桃源馬上變成人間煉獄。

一輩子從來沒這麼累過

想像沙灘上泛著一層水蒸氣，眾人行走其間，猶如步入蒸籠，孩子頓時汗流浹背。

看到幾個人的表情，我心裡大概有譜，今天應該又是一個學習上的瓶頸，尤其在昨天的勞累後，又要面對今天艱困的挑戰。

當隊伍集合起來，開始說明淨灘工作。孩子們一聽到撿拾垃圾的範圍時，每個人的臉都綠了。

因為小猴子隨意的一指，從此端到彼岸，算算大概有一公里，而在約略一百公尺寬度的海岸，要撿拾完這裡的垃圾，簡直是不可能的任務。

正當孩子意興闌珊，我拋出一個昨日聽到的消息。

「撿完垃圾，我們一起去洗冷泉好不好？」我高聲提議。

「耶！不錯的點子喔！」眾人歡呼，熱烈響應。

我知道氣氛開始不一樣了。

「冷泉池很大，還可以在裡面游泳耶。」農場負責人品潔也開口附和。

我是對著所有淨灘的人提議的（說的時候，還刻意避開四個孩子的目光），但我心裡也希望能鼓舞這四個孩子，讓他們在淨灘的過程中，至少還保有一絲絲的「法喜」，以便支撐他們繼續「修練」，否則要到達彼岸，恐怕遙遙無期。

淨灘甫過半小時，如同我預測的，孩子們開始排斥了。

我想，打從他們出生，可能從來都沒有這樣疲累過，因為一直重複地彎腰撿拾，腰痠疼到不行。

一開始是小固拿起石頭，對著浪花丟擲石塊，我不知道這行為有沒有意義，但他卻樂此不疲，接著，亦欣也開始罷工。慢慢的，其他兩人也加入行列。

他們一行四人又自動的下課，只是這下課時間有點長。大約半小時後，這群孩子可能是良心發現了，又回來繼續工作，直到大人喊收工。

失控大哭

無論如何，我的承諾都必須兌現。在回家的路上，我們轉往海邊的冷泉。

這是一處偏僻的地方，看到約整個籃球場大小的冷泉池，我馬上掬了一把泉水，哇！涼透心扉，尤其是在六月酷暑的近午時分。

但孩子看到水質清澈的池塘，卻沒有我想像中的雀躍。

原來他們從小就被父母教導，不能到野外游泳，也不能到溪裡玩水。雖然華南這幾年來努力打破禁忌，帶孩子去溯

溪、去玩水，但畢竟那是有準備的課程。

品潔看到眾人畏畏縮縮的，不敢盡情解放。她自告奮勇，撲通一聲，就跳下池塘，然後如同美人魚一般，在水裡翻滾。

孩子們看到這一幕，也躡手躡足的走進水裡，在逐漸熟悉水性後，開心玩了起來。慢慢的，衣服濕掉了，孩子們索性豁出去，開始潛水、打起水仗，呼喝聲此起彼落。

遠處的釣客，想必埋怨連連，但我想這應該是在南澳自然田中，最愉悅的時分。

突然，小固抓狂大哭，原來亦欣把小固推倒。孩子顯然玩過頭了，下手沒個分寸。

原本我預期，孩子會因為工作不適應，或想家而半夜飲泣，沒想到是因為玩過頭而大哭。

混亂中時，品潔突然哀號，瞬間，大家紛紛轉過頭去看，小固好像忘了疼痛，他也不哭了。

原來品潔為了證明泡冷泉有多麼開心愜意，急著奮身往池裡一跳，正享受之際，看到小固大哭，她臉色一變，顫抖著手去摸自己口袋裡的東西，慘了，慘了，她忘了把手機拿出來。

濕淋淋的手機，搭配品潔想哭的臉，讓滿臉鼻涕縱流的小固，噗哧一聲笑了出來。

讓人捏把冷汗的決定

中午，用完餐，外面開始滴答下起雨來。這陣雨讓孩子一陣竊竊私語。不用說，我當然知道孩子心裡在想什麼。

在等待雨停的時間裡，沒想到，四個孩子竟然主動開始打掃起一樓的房間。原本這房間有一位換工的夥伴正在刷油漆，等上午油漆乾了以後，晚上會有三十位清華和大陸來的學生進駐，所以孩子開始拖地、整理房間。可能是室外的工作太累，室內的事情反而變得簡單，不到一小時，工作就已完成。

窗外的雨仍然繼續下，看不出來有停的跡象。

江伯伯扛起一袋土豆，孩子也來幫忙。期間，這四個孩子竟然決定要負責烹煮明天的早餐。

這承諾讓現場所有人都傻住了，因為不能說不要，這會打擊孩子的信心，但是又太冒險，因為明天早上總共有四十個人要用早餐。

看到孩子這麼積極，我心裡當然很高興，但茲事體大，於是跟幾個上工的夥伴商量，今天晚上就讓四個孩子先準備，但我們必須在旁邊暗助他們。

江伯伯的震撼課

約莫三點，雨漸漸小了，大家決定上工。

孩子們穿著雨衣，來到花生田。江伯伯將花生交給孩子，由大人拿起耙子，犁出一條條土溝。江伯伯臨時有事，必須到其他上工的地方幫忙，因此要離開一下，臨行前，交代孩子要認真的完成工作，否則花生會長不出來。

孩子將拿到的花生，一粒粒的放在土溝內。起初，亦欣很認分的「放」花生，但可能覺得太無聊，開始用丟的。一開始，他還會把丟不準的花生再撿起來放，後來時間一長，索性就不管它了。

可能覺得用丟的太慢，他開始一把把的撒出去。就這樣，他一袋花生，旋即見底。

小固看到了，也依樣畫葫蘆。兩個孩子都有了時間，就在花生田玩了起來。

看到遠處熟悉的身影走過來，兩人突然又開始放花生。

江伯伯看到散落一地的花生，原本和藹的笑容變得僵硬，此時的氣氛有點詭異。

江伯伯沒有發怒，他跟孩子們說了一個故事。

「我以前曾經找過附近的學生來種花生。」江伯伯說。

「那時候，孩子也跟你們一樣很喜歡玩。」江伯伯繼續說。

「等到花生種完後一個月，才知道花生幾乎都死光。那年我損失慘重。」江伯伯一臉嚴肅。

江伯伯說完，把孩子集合在一起，開始說他怎麼經營自然田。

「由於自然田的收入很少，因此更需要參與者有一份責任感，以及對土地的關心。來自然田的人，通常是因為認同這裡的理念才來。而這裡的每一個種子，都是之前來的人共同努力的成果，就如同你們今天的努力，開花結果後，傳承給接續者。我相信，你們的努力也不希望被後面的人糟蹋吧！」

我在一旁聽得很感動。孩子們，你們了解了嗎？

四個孩子的「齊心」早餐

雨後的夜晚，特別的濕熱。突然加入自然田的一大群夥伴，把客棧的悠閒，頓時變得熱鬧起來。

在眾多身影穿梭下，餐桌上馬上杯盤狼藉。四個孩子收拾碗盤後，開始準備明天的早餐。

對於早餐，孩子有自己的想法。首先他們要煮稀飯，因為覺得早餐吃稀飯比較合適，接下來他們要炒花生，因為白天才種過花生，他們對花生有份特殊感情。

說歸說，實際執行起來，顯然還是有一段距離。

輝家因為有煮飯的經驗，就由他洗米、煮飯。在一位大姐姐協助下，輝家終於順利煮好稀飯，但炒花生就是一件比較困難的事，加鹽、放調味料，並在炒鍋上連續翻炒一小時等，終於在四個孩子齊心努力下，廚房慢慢飄散出誘人的香味，眾人才逐漸放心。

或許這是在南澳的最後一個夜晚，孩子們反而有些沉靜。原本對南澳的不適應，也因為明天中午的即將離別，反而有一種不捨。

危機（四）

四個孩子不斷爭吵，最後他們決定各走各的。
我看著孩子分佔兩個地方，誰也不理誰。我心中興奮，卻又夾雜著擔憂。

旅行的第三天，一般來說是衝突的發生期。

記得每次出去，第三天通常是學生的困境期，想家、體力不濟、睡眠不足等，孩子常常因為這些壓力，顯得焦躁不安，每每會有吵架、退縮、逃避等狀況發生，今天正是孩子旅行的第三天，一切也在燠熱的晨陽昇起後開始。

因為要準備早餐，孩子們五點多就起床準備。乒乒乓乓的忙了一個多小時，看到孩子專注的神情，大人們努力幫忙，總算拼拼湊湊的準備了七、八道菜。

來到這裡已經半個月的換工夥伴，眼眶含著淚水，吃著今天孩子準備的早餐，不知道是太久沒吃到這麼豐盛的菜餚，還是內心慶幸這一餐沒有砸鍋。不到半小時，七、八道菜旋即盤底朝天。

孩子對於餐後的工作，並沒有很熱衷，可能沒有長時間工作的習慣，他們懶懶散散、有點抗拒，不過四個孩子還是跳上貨車，準備去拔蘿蔔。

熱風拍打著孩子的臉龐，他們稚嫩的臉頰紅通通，映照著一幕幕後移的影像，顯然，今天還沒下工，孩子們就已經滿身大汗，但我卻有點期待，**期待孩子想辦法克服這樣的壓力，畢竟這是孩子踏進青少年階段的重要轉折**。

天上掉下來的禮物

四個孩子有點不情願地走進田裡。說是蘿蔔田，卻看不到蘿蔔。好歹，書讀了，可以在測驗時顯現出來，農夫種田，當然也有收穫賺錢，而這幾個大男孩卻看不到蘿蔔在哪裡。

江伯伯開始教孩子拔蘿蔔。江伯伯睜大眼睛，仔細找了找，終於找著了。但種了一年的蘿蔔，卻只有指頭般大小粗細。

沒想到，這對孩子來說，反而比拔蘿蔔更有趣。更有趣的是，三分大小的地，竟然只有蕞爾一方有蘿蔔。這好像天上掉下來的禮物，讓孩子樂不可支。

「耶！蘿蔔竟然只有這個地方長出來而已！」小固掩不住開心。

「對啊！我剛才去看，真的只有靠河的這一邊有長而已。」亦欣附和。

「那我們分一下工作範圍？」輝家看著大家。

孩子興高采烈的說著，完全忽略一旁的江伯伯已經面容慘澹。

辛苦了一年，收成卻可能不到一公斤。即使一輩子沒下過田的都市人，恐怕也沒見過如此的慘狀，只能用「心碎」形容。

不到一小時，孩子已經將所有的蘿蔔拔完。整理一下，竟然只有一臉盆的量，接著在泥黃的水溝開始洗蘿蔔。

沾滿泥土的紅蘿蔔在清洗過後，逐漸顯出紅蘿蔔的樣態，也不知道是誰先開始，一根根的蘿蔔被放進了嘴巴裡。

「哦！好甜喔！」

「對啊！怎麼這麼甜？！」

孩子一口接著一口，此時才有「拔蘿蔔」的成就感。

「換工」不成，換來「脾氣」

由於工作比預期的早完成，江伯伯說要帶孩子們去「拓荒」。孩子興高采烈的跟著江伯伯走進一塊幾乎長滿雜草的地方，孩子狐疑的看著江伯伯，只看到江伯伯找了很久，終於讓他找到一株花生，然後抬起頭來跟孩子說：

「這是我去年種的花生田。」江伯伯看著遠處的田埂。

「但是一直沒來除草。」

「所以今天你們就來割花生旁邊的雜草。」江伯伯看著四位孩子。

江伯伯話一說完，四個孩子馬上變臉，因為放眼望去，一片荒蕪。在這裡割草，簡直像是在蠻荒地區開墾。況且豔陽高掛，萬物看起來都已奄奄一息。只要能動的生物，無不想找個陰涼的地方躲起來，在這豔陽下割草，恐怕會要人命。

果不其然，亦欣開始用鐮刀砍雜草，他像是宣洩似的，亂砍一番，一向比較認命的默儒竟開始耍起脾氣，他坐在地上，動也不動，其他兩個孩子，當然也不遑多讓。

江伯伯看著來換工的四個孩子，「換工」不成，卻換來一頓「脾氣」，不知要哭，還是要笑，而我最歹命，自主計畫的原則是我不能干預學生的作業。我只好拚命割草，以彌補江伯伯的「損失」。

終於在心不甘情不願的狀況下，把時間拖過去了。江伯伯載著四個「累贅」回到客棧。四個孩子一到客棧，馬上上樓洗澡休息。小固洗完後，他到樓下跟大人聊天，聊著聊著，終於也到了離別的前一刻，小固突然拿出陶笛，開始吹奏，曲終意盡。清大的學生提議要去吃冰，就帶小固一起去，沒想到卻讓衝突發生了。

爆發嚴重爭執

小固吃完冰回來，卻找不到其他三個同學。他急著打電話找他們，因為已經快到搭車的時間。

電話好不容易接通，才知道他們三個已經在火車站。

小固怒氣沖沖的跑去火車站，結果另外三位同學開始指責他。

「你遲到一分鐘！」輝家指責小固。

「才一分鐘，不會等一下嗎？」小固不甘示弱。

「上次亦欣遲到六分鐘，你就罵他。」輝家說。

「那你不會打電話給我嗎？」小固反駁。

「我們要直接回斗六了！」輝家瞪眼說著。

「我們要去把你的票退掉！」亦欣附和。

「那是我出錢買的！」小固更生氣了。

「那給你啊！」默儒把票遞過去。

四個孩子不斷爭吵，最後他們決定各走各的。

火車進站的時刻快到了，孩子各自走進月台。

我看著孩子分佔兩個地方，誰也不理誰。我心中興奮，卻又夾雜著擔憂。

興奮的是，**孩子有衝突，才能蛻變，也才能看到自己，這是我推動自主計畫的目的之一**；擔憂的是，萬一孩子從此各走各的，那麼我就必須違反原則介入，這又會讓獨自讓孩子解決問題的美意破功。

於是我私下與攝影師商量，請攝影師跟著輝家等三人，而我跟著小固。

看著氣呼呼的三個人，攝影師忍不住問輝家為什麼這麼氣小固。

「我一百年也不會跟他和好啦。」輝家還是怒氣沖沖。

「對啊！他怎麼可以自己跑去吃冰。」亦欣補上一句。

此時攝影師才明瞭，原來他們三個人是為了吃冰一事而憤憤不平。他們還說小固只會要求別人，卻那麼寬待自己。

小固一個人落寞地坐在月台一旁，偶爾轉頭看看其他三個人在做什麼。

火車緩緩的駛進車站，座位的安排是小固和輝家坐在一起，這是相當尷尬的場面，主要衝突的兩個人，卻必須比鄰的坐到台北。

攝影師看到時忍不住笑了出來，他刻意地問輝家：「你會不會跟小固和好？」相機的鏡頭還對著輝家。

「絕・對・不・可・能。」輝家用斬釘截鐵的語氣說。

旅客一批批的擠進車廂，慢慢的，車廂逐漸擁擠起來。亦欣和默儒在旁玩了起來，過不到半小時，沒想到，小固竟然開始和輝家聊了起來。

本來一百年的惡誓，旋即灰飛煙滅，只聽到攝影師罵了一句「X」。

頓時，我笑了出來，笑到攝影師直搖頭，也笑到火車搖搖晃晃地開到了台北。

我和攝影師被放鴿子？

孩子們下了火車，走進全台灣最擁擠的車站。他們左看右看，跑到捷運販賣機前，買到淡水的票卡，他們順利地走到搭車的月台，我很意外，這沒難倒他們。

沒多久，一輛開往北投的列車進站，孩子跟著人潮進入車廂，而我和攝影師也跟在後面進去。

我的眼睛閃過一絲狡黠，與攝影師互看。

孩子瑟縮在車廂的角落，不時的往外張望。

列車一站站的開，突然廣播在耳旁響起：「本列車開往北投，要往淡水的乘客請在本站換車。」

小固看了牆上的捷運地圖，突然跟其他三個還在嬉鬧的同學說：「喂！趕快下車。」

「為什麼？」亦欣問。

「這班車沒有到淡水。」小固急著說。

於是四人匆忙下站，畢竟搭車的問題，其他三人還是非常相信小固的專業。

到了淡水，四個人像劉姥姥進大觀園。他們背著大包小包的行李，走在淡水街上，像極了流浪到淡水的落魄客。

此時，他們開始找目標物。哇！原來他們還留了一手。上次信義房屋到學校服務時，孩子竟然和他們約定好，到淡水時，要去找他們——於是，信義房屋的叔叔答應要來接送他們到沙崙。

信義房屋碩大的看板就在捷運站對面，孩子看到後，不約而同的開始直線穿越。原來他們不知道行人不能穿越分隔島，這可非同小可。攝影師連聲呼喊，孩子們才驚覺，行人過馬路要走「斑馬線」。

孩子安頓好住宿後，從沙崙再度坐公車到淡水，原來，他們想利用空檔到夜市逛逛。我和攝影師「兩老」只好跟在他們的後面，相對於精力旺盛的四個孩子，我們已經累到幾乎癱瘓。

磨著磨著，一晃，兩三個小時就過去了。安養中心在孩子外出時特別交代，晚上有門禁，太晚回來是進不了門的，他們突然想起這件事，在一陣紛亂後，他們開始找回家的站牌，左找右找，竟然找不到，於是他們又吵了起來，最後孩子決定，就用走的回安養中心。

天啊！這對我和攝影師來說，簡直不可思議，他們竟然要一路走回沙崙。我快倒下的身軀，讓我一度有衝動想要告訴他們，哪裡有站牌，但想起我們的「原則」，最終，還是忍住了。

我和攝影師跟在他們後面，看著他們一路跑跑跳跳，漸漸的，離我們倆越來越遠。

一輛往沙崙的末班車從我身旁開過去。孩子看到公車開來，二話不說，像是事先商量好一樣，全部一股腦衝進車內。留著近百公尺外的兩位大人揚長而去，而這兩位大人只好一路走回沙崙。

我和攝影師被放鴿子了嗎？

突然間，我看到孩子們的眼睛閃過一絲狡黠，對著我回頭一笑。

生命的不安（五）

當亦欣讀報給患者聽時，他的兩條腿似乎在發抖。

亦欣平常在學校可是天不怕地不怕，我從來沒看過他這副模樣。

利用空檔，我問他：「怎麼了，你看起來很不習慣！」

四個孩子在不安與狐疑的氣氛中醒來。

有別於前些日子的自在，孩子們在淡水沙崙的愛德養護中心起床，他們有點不習慣，因為濃濃的消毒水味，還夾雜著奇怪的聲音，讓孩子們天未亮，兩眼即瞪著天花板。

昨晚四個孩子住在養護中心替代役的寢室，離病房只有彈指距離。

養護中心的患者為了身體早點好起來，一早就在練習爬樓梯。

「嘟、嘟、嘟」的規律聲音是來自一位曾經中風的先生，他為了增強腳力，不斷練習，這也是孩子們一早就聽到的奇怪聲音。

早餐在囫圇吞棗中結束，之後旋即到行政中心報到。聽著中心的老師說著，今早四個孩子的工作是要協助、照顧患者。

孩子冒汗、發抖

養護中心大部分都是重症病人，因為重症病患無法在一般家庭中得到妥善的照護，家屬為了工作和生活，不得已才委託中心照顧。

而這些患者極需要外界義工前來關懷或協助，一方面有多餘的人力，可以協助中心做更多的事，同時也可以讓外界了解養護中心的運作，以投入更多的關懷。

「等一下，你們會跟這些病患接觸。」

「但是不能流露出厭惡、排斥的表情，要不然會傷了這些病患的心。」中心老師叮嚀。

「你們拿這些報紙和雜誌，念給病患聽。」老師繼續說著。

「念給病患聽？」亦欣露出詫異的表情。

「對！雖然他們不一定聽得懂，但是只要你們在旁邊念給他們聽，他們就會感覺到很溫馨，心情就會很穩定。」老師繼續解釋。

於是四個孩子分成三組，小固和輝家一組，要說故事給一位病症比較輕的患者聽，而默儒和亦欣則分別讀報紙和念雜誌給另兩位躺在床上的病患聽。

只看到默儒站在病床前，開始將過期的報紙，一篇一篇的念出。平日沒有看報紙習慣的默儒，讀起來頗為生澀，如同小孩子牙牙學語。一方面要注意病患是否聽得到，一方面自己又要站在幾張病床前，他看起來十分彆扭。

時間才過十幾分鐘，默儒的額頭竟然微微冒出汗珠。亦欣也不遑多讓，我看到他的兩條腿似乎在發抖。

亦欣平常在學校可是天不怕地不怕，我從來沒看過他這副模樣。

利用空檔，我問他：「怎麼了，你看起來很不習慣！」

「嗯……」亦欣支吾。

「我看你平常不是這樣？」

「是不是很不習慣？」我繼續追問。

「是啊……」

「為什麼？」

「我會害怕。」亦欣低下頭來。

「我感到生命很脆弱。」亦欣的嘴裡突然迸出這句話。

「你很難想像人為什麼會生病、會一輩子都躺在病床上，翻身還要靠別人幫忙是不是？」我揣測亦欣的想法。

「對，如果人遇到這種事情，是不是一生都完了？」亦欣眼眶有點濕。

「對啊！生命有時很無奈。所以我們生活要更專注，更要珍惜活在當下的一切。能夠體諒別人就盡量去做，能少做一些損人的事情，就少做一些。」說這話的同時，我往窗外看出去。

要讓生命有高度，必須在生活中有深刻的體驗。和亦欣聊天，其實我心裡也不好受，記得我高中時曾去過台中的惠明，那時的震撼，到現在還很鮮明。這裡所看到的一切，確實是人生所難以承受的，有些人甚至還是青春年少，只因為一些意外，就造成如今的終生遺憾。

亦欣是一個個性活潑，但對生活帶有一點不屑態度的人。常常和同學起衝突的他，卻打從心裡說出這些話。我很意外，也讓我發現，他有些不一樣了。

如履薄冰的體驗

「各位同學，這是新北市秀山國小的同學，今天要和各位一起服務。」中心的老師介紹。

「大家請集合，我們接下來的工作是幫伯伯、阿姨推輪椅，帶他們到樓下去曬太陽。」中心老師加大音量。

老師說完，開始分配每一個人工作。樓下廣場不算太大，但旁邊有幾棵大樹，那天清風徐徐吹來，映照著藍天白雲，此刻不復多言，看著孩子推著輪椅，每位老人露出滿足的笑容，這簡直是世界上最美的畫面。

不知過了多久，孩子想玩的本性又再度顯露。

起初孩子並肩推著輪椅，過不久，開始有人加快速度，到後來竟彼此較勁，越推越快，讓坐在輪椅上的老人家「突然有飆車的感覺」，直到我制止，才沒讓可能的危險發生。

中午，是老人家進食時間，孩子必須扮演餵食的角色。端起像缽一樣的大碗，一瓢一瓢的餵食，有時老人家吃進嘴裡，卻又掉出來，孩子還要擦拭掉下來的食物，這對孩子來說，如履薄冰，但看著孩子小心地餵食，並時刻注意老人家吞食的速度。想想，這樣的體驗，不一定會在哪一個時間點發酵，但或許某一天，這份學習會幫到孩子未來的人生。

針對孩子的缺點安排課程

回程是滿載回憶，但也是深刻反省的開始。

下午約莫三點，孩子踏上歸途。孩子依然調皮，彼此之間也還是意見分歧。其實，早在出發前，我就已看出這四個孩子非常聰明，面對問題，有足夠的能力去解決，但是個性倔強，不容易看到自己的缺點。

自主服務計畫當然就是要讓孩子明白，一個人並無法成事，也希望事後能夠透過側記的影片，去發現自己的問題。因此，我並沒有任何的期待，期待孩子在這短短四天，就有巨幅的改變。

孩子本能、自信地搭上捷運。我看著這一幕，心裡實在感到佩服，畢竟他們都是第一次面對這樣的旅程。

列車搖搖晃晃地到達台北車站，沒想到，孩子們又為了一點小事爭吵起來。原本看似順利的回程，突然又起波瀾。

四個孩子突然一言不合，往三個方向各自離去，只留下默儒一個人站在車站大廳。也不知道過了多久，應該是默儒夠了解他們，他靜靜地在原地等著，離開的三個同學之後又慢慢地回來。

火車預定四點半發車，亦欣卻堅持要去買可樂，而且非得超商的不喝（天曉得超商的可樂和台鐵賣的可樂有什麼不同？），但離火車開動只剩五分鐘，這位老兄才慢吞吞地到達月台。

我不理解，亦欣難道非得讓等待的三個同學再生一次氣？

或許吵吵鬧鬧本來就是男孩子的天性，但被寵壞的習性，在我看來是不分家庭背景的。沒有這次的旅程，我想這群孩子還看不出自己原來有那麼多的狀況，這些問題等回到學校以後，會逐漸被攤開、檢討，當然還要有更長的時間討論，才能逐漸修正。

學校不能關起門來，只是謳歌、稱讚孩子

當孩子面臨人生的另一個階段，學校該如何自處與因應？當然我們可以順利地送他們出校門，也可以直接在畢業紀念冊上，寫上千年不變的祝福詞，然而人生的旅途，本來就有風有雨，與其擔心未來的社會詭譎多變，倒不如誠實的面對自己，看清自己，問問自己，對於所學是否不足？與人相處，能否同理對待？甚至是否曾經跪下來，聞一聞土地所散發出來的友善味道？

孩子們，在你們畢業前，送你們這樣的「禮物」，你們可能不清楚背後的意義。但請記得，學校不能關起門來，只是謳歌、稱讚你們而已。

學校，更需要且唯一還能做的事是，在你們踏出校門前，讓你們察覺自己，進而理解自己。

為自己喝采

暑假前夕，我參加了詩情父親的告別式。

詩情在朗讀給父親的一封信中提到：「爸爸，昨天晚上我夢到你在長庚的床上吃芭樂和鳳梨，還對著我笑。」

聽到這段話，我眼淚不聽使喚的掉了下來。

夜裡，詩情與其他兩個孩子走在溪邊的山徑，山緣桐花散發出淡淡的清香，由於暗夜寂靜，點點螢火顯得特別的明亮。小女生不由自主的握手，從此，她們的心更加的緊密與溫暖。

孩子，我知道你很難受

這是詩情第一次的小旅行，也是父親過世後首次離開家鄉，來到新竹的橫山。

記得去年夏天，詩情正在上影像課程，我的手機響起，話筒那端傳來詩情母親的飲泣聲。

我拉著詩情的手，急忙往外衝，載著詩情趕往醫院。

一路上，我看到詩情默默不語，我不知道孩子是否知道：花開花落的感傷。

暑假前夕，我參加了詩情父親的告別式。詩情在朗讀給父親的一封信中提到：「爸爸，昨天晚上我夢到你在長庚的床上吃芭樂和鳳梨，還對著我笑。」聽到這段話，我眼淚不聽使喚的掉了下來。

孩子，我知道你很難忍受，畢竟這是人生至痛。

時光輾轉過了一年。詩情的笑容依舊，但純真的笑靨裡總是帶著淺淺的憂鬱，剛好孩子們提出到橫山小旅行的計畫，於是我也一起隨行。

除了詩情外，一起前往的還有詩情的死黨小新，以及母親甫過世一年多的姿依。

這次的小旅行，孩子們要去新竹的橫山教會。她們規劃到新竹教會服務，包含整理菜園、泡咖啡給居民喝、自己煮飯，同時去安養院照顧老人家。

這是難得的機會，**孩子可以透過服務看到自己、肯定自己**，而出走則能轉化心情。我想這對詩情來說，應該是一個很好的機會教育。

四月，火車劃開西部的晨曦，隨著桐花爭相盛開的喧譁，孩子轉搭火車來到內灣。帶著陶笛、背著吉他，帶著浪漫，孩子走了一段路，終於到達橫山的天人教會。

天人教會是一個很特別的地方，牧師當初選擇這個地方蓋教堂，除了廣大的荒野外，另一個原因是橫山的孩子需要更多人關心。教會提供場地給孩子學習，牧師將教會的外牆改造成孩子喜歡的攀岩場，並設立農場，讓孩子耕作。教會的門永遠不會關，因為牧師知道，有些高關懷的孩子離家後，需要有一個「家」，讓孩子可以安心的住宿。

孩子到了教會，剛好有居民前來上課。於是，小新與詩情兩人商量，正好可以煮咖啡給這些居民品嘗。她們先將帶來的咖啡器具整理好，開始孩子服務的第一堂課。

面對眾人，相對於小新的落落大方，詩情和姿依反而有些退怯。在牧師的鼓勵下，姿依開始對著大家講解與示範煮咖啡的流程。看著孩子由羞澀，逐漸地適應、面對，我相信，這幾天應該可以給孩子更多信心。

適時推孩子一把

晚上，孩子們想準備晚餐。姿依自從媽媽過世後，在家常常肩負起母親的工作，所以煮飯對她而言，並不是難事。而詩情則是有點困難，至少以前從來沒有煮過完整的一餐。

牧師先帶著孩子們去庭院摘了很多的野菜。詩情看著姿依從洗菜、切菜、放油、炒菜、蓋鍋，技巧非常熟練。我知道詩情也很想擁有這樣的經驗，於是我適時地推她一把。

「哇！好豐盛的晚餐。」我不由自主地喊了出來。

「對啊，你們真的好棒！」牧師由衷的讚嘆。

「吃飯前，我們先來禱告。」牧師提醒大家。

「牧師，詩情也是基督徒，可以讓她帶領大家嗎？」我突然建議。

「好啊！詩情你可以嗎？」牧師轉頭看著詩情。

「我……」詩情小聲地喃喃自語。

「沒關係，不用太拘謹，把平常牧師帶領大家閉眼謝飯的禱告詞念出來就可以了。」牧師親切的鼓勵。

「感謝……」詩情鼓起勇氣，開始小聲地帶領大家禱告。

翌日，詩情起得特別早，而且她臉上的笑容非常燦爛，這是我從沒在她臉上看過的，可能是旅行帶來新奇與不同的體驗。牧師帶著三個孩子在山徑間慢跑，直到陽光稍微刺眼，孩子才回到教會。

讓孩子相信自己可以付出更多

孩子煮完早餐，割完菜園的雜草，開始準備上午的另一項工作，因為今天會有一群高關懷的國中生來教會進行攀岩體驗活動，牧師邀請三個小女生擔任他的助手。

不過在擔任助手前，為了讓助手了解攀岩者的心理狀況，所以三個小女生要先攀岩。但詩情抖得像寒風中的枯葉，在爬到四分之三處時，因為不知道接下來要踩哪一個石頭，上不上、下不下，又因為不敢放手，所以一直僵持在上面。

直到她大叫一聲往下跳，終於願意將自己交給下面繩索的確保者時，才放下心裡的一塊大石頭。這一刻，她心裡也才清楚，信任對於攀岩者有多麼重要。

經由說明，三個小女孩了解今天來的這些國中生，都是比她們更需要被幫助的孩子。而在牧師的指導下，三個小女孩站在下面拉著繩子，擔任著這些國中生的確保工作。

詩情握著攀岩繩，另一端由小新確保。小女生目不轉睛地盯著上方奮力攀岩而上的身影。她們小心翼翼地拉著繩子，因為，**她們手上握著的是信任，也是對自己的自信**。

看著瘦弱的詩情充滿信心、全神貫注地投入，我知道上帝已悄悄打開另一扇窗。因為她知道自己充滿幸福，於是，她相信自己可以付出更多。

每劃下一次弦琴，孩子心中的傷痕就逐漸被撫平

傍晚，孩子們在牧師的帶領下，去竹東看了螢火蟲。回程時，牧師刻意將孩子留在距離教會兩公里遠的轉角處，要讓孩子獨自走回去。

孩子們害怕黑夜，幾個小女生瑟縮在一起，握著彼此的手。雖然暗夜孤寂，但彼此的心卻更加緊密。因為孤獨來自自我封鎖，而溫暖建立在彼此的信任上。

半夜，外面下起了滂沱大雨，睡床中，輾轉難眠。我幾十年來不斷的尋找一種安定的感覺，想起幾個小女生的種種，似乎有了一種似明非明的感受。

雨在天亮前止歇，孩子們已經煮好早餐，等我一起享用。今天孩子要去安養院照顧老人，我知道此次的行程只有三天，對她們而言可能短了些，但是準備前的兩個月卻是醞釀醇酒的必經階段。

孩子背著吉他、帶著陶笛來到安養中心，看著躺在病床上的老人家，詩情似乎想起年前父親在病床的情景。

看著詩情熟練地餵食，似乎觸動她沉寂已久的思緒，但她很快地平靜下來，因為外面的阿嬤正等著她們到來。

孩子一起吹奏陶笛，悠揚的笛聲吸引更多的阿嬤聚集，阿嬤們為孩子的表現鼓掌。接下來吉他的演奏，更可以看到詩情靈巧的手，撩撥著自信的樂音。

是的，因為孩子每劃下一次弦琴，心中的傷痕就逐漸地被撫平；**每一次的鼓掌，都強化孩子的信心**。

驀然，我突然領悟，原來我一直追求的安定感，其實是心中理想的實現。看到孩子的成長，我頓時明白，原來學校是一個「家」。

想起六年前，你們還那麼稚嫩，如今卻充滿自信。雖然你們即將離開華南，但每每與你們對話，我得知華南的學習，是你們人生的重要起點，我也相信，自信會帶你們走過人生的每一場風雨。

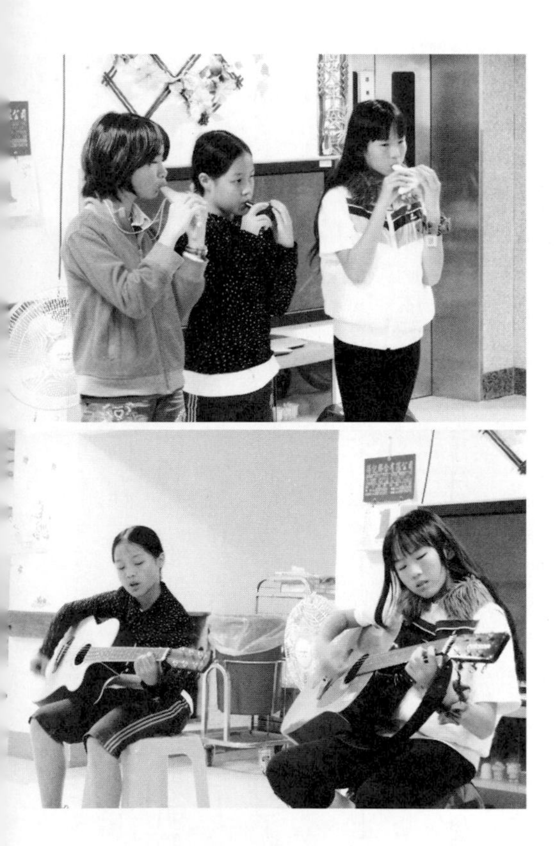

卷五

紀錄片拍攝與溯溪

拍自己的紀錄片

「美玲，可以思考一下你來這裡的目的嗎？」老師善意的提醒。

「我就只是打電話而已，連打電話都不行哦！」美玲理直氣壯的反駁。

「你當然可以打電話，但是不用打到三十通吧！」

「我想家啊，我就是想家。」美玲用飲泣的聲音訴說。

在斗六的行啟紀念館裡，正有幾百雙眼睛專心地注視著牆上的大螢幕。我看著台上五年級的美玲述說轉到華南之前的一段故事。很難想像她曾經視上學為畏途，還曾試著逃離原本熟悉的生活，去找尋一個沒有壓力的地方。

孩子，一定要上安親班嗎？

原來，美玲在之前的學校，因為成績跟不上有上安親班的同學，所以老師請美玲媽媽送美玲到安親班。

美玲媽媽與爸爸溝通，難道讀書與學習一定就要上安親班不可嗎？孩子一定要過著每天下課再上課，沒有家庭時光，家，只剩下睡覺功能的生活嗎？

於是，美玲在小學二年級時，媽媽毅然決然地將她轉到華南來。

然而美玲來到華南的新生活，卻是一連串震撼課程的開始。

車子蜿蜒於山徑，看著窗外的景色，從滿山闊葉植物，逐漸轉成瀰漫山嵐的針葉林，而最後的奮力一搏，車子突破森林線，來到寒冷的高山草原。窗內美玲的心情，也跟著室外的溫度逐漸下降，因為這是她來到華南的第一堂登山課。

三十通的想家電話

沒有過多的撫慰，當隊伍在廣場集合的時候，我看到美玲的臉色，充滿不安與恐懼。

從來沒有獨自離家，更不曾獨自面對挑戰。因此，三年級時兩天一夜的合歡山訓練，對美玲來說，簡直是將她逼到極點。

我跟在美玲後面，看到美玲無奈的往上。逐漸的，小女生的背開始駝了，腳步開始凌亂，眼淚忍不住掉了下來。

在接近主峰附近，美玲乾脆躺下來，她再也不肯走上一步。

我不斷的鼓勵，只看到她哭喪著臉，一直說：「我要回家。」我知道她從來沒有吃過這樣的苦。

晚上，當其他孩子專注於夜間觀察的課程，美玲卻一直撥電話。

「媽，我好想回家。你可不可以現在就來接我回去？」

「我真的好想你喔！」美玲幾近哭求。

「美玲，可以思考一下你來這裡的目的嗎？」老師善意的提醒。

「我就只是打電話而已，連打電話都不行哦！」美玲理直氣壯的反駁。

「你當然可以打電話，但是不用打到三十通吧！」

「我想家啊，我就是想家。」美玲用飲泣的聲音訴說。

黑夜裡，一聲聲巨響隆隆的在耳邊擂起，夾雜稀疏的雨聲。那一夜，美玲輾轉反側。沒有過多安慰，在喃喃夢魘中，美玲度過她人生的第一次淬鍊。

強化孩子的挫折容忍度

然而，這次的課程，並沒有讓美玲改變多少。這也是現代孩子的問題，不管家境優渥或是清苦，大人總是捨不得讓孩子吃一點點苦，總是要他們「好好讀書」，其他事情就由大人完成。慢慢的，孩子失去挫折容忍度，失去耐性，也讓孩子理所當然地認為，除了讀書以外的事情，他都可以不用管。

在以前的社會，苦讀是可以翻身的，只要好好熟讀課本，不難有一所大學可以棲身。然而失去磨練的歷程，孩子通常禁不起外在的壓力，到頭來，不適應症經常發生，上大學可能在課堂上呼呼大睡；也可能在職場上得不到老闆青睞，恍惚終日，只能自怨自艾。

因此，**華南設計了很多的高峰課程，除了強化孩子的自主性外，更重要的是透過磨練，強化孩子的挫折容忍度，進而自我探索，並建立好的人際關係，這也是現代社會極需要的一種能力。**

用紀錄片，述說自己的學習故事

對於美玲，登山已經是每個學期必須經歷的活動，雖然每次都不是很順利，但她還是捱了過來。升上四年級的美玲，從合歡山回到自己的故鄉後，她開始進行原鄉踏查的紀錄片課程。

華南每年都會讓孩子到社區訪談，從主題的選定，到社區進行踏查，不斷的訪問與參訪，這**對孩子經驗的擴張極度重要**。因此，走出去面對一切，是華南的本位課程之一。

美玲一開始接觸原鄉踏查課程，就充滿好奇與興趣，她興奮地拿著母親買給她的攝影機，開始影像記錄。

對於孩子，聆聽與資料彙整是訪談重要的功課。每次出去，孩子必須做足功課，然後針對關鍵人物進行訪談。訪談前，孩子要先擬出訪問稿，同時專注聆聽受訪者的回答，適時提出新的問題。

這對孩子而言，是充滿樂趣，但有點挑戰的事情。通常孩子會在受訪者回答的訊息中混亂，因為孩子不習慣聆聽。

美玲是一個細心的人，不善於發表言論的她，反而可以十分專注，因此每次訪談，美玲總是很快抓到重點，而在事後資料整理與心得分享中，美玲總是能刻畫出細膩的感受。在不斷回溯與練習中，美玲終於踏進紀錄片的門檻，然而這一步卻是她生命中最重要的一課：敘說自己的學習故事。

檢視自己，與自己對話

美玲將她轉學到華南三年的過程拍成紀錄片。從她在第一所就讀的學校遇到挫折，之後轉來華南，而華南的登山課程如何震撼她，又如何改變她。

美玲在華南的學習過程，其實遇到不少挑戰，然而透過紀錄片，美玲重新檢視自己，重新跟自己對話。或許不是有意，但也讓美玲知道自己這幾年的問題，雖然不是馬上就能改變，但隨著課程逐步的運作，美玲逐漸擺脫依賴的個性。

有一回，當美玲母親深夜回家，她驚訝地發現美玲已經將家裡打掃乾淨、晾好衣服，並哄兩個弟弟就寢了。

獲公視公民新聞獎

三個月後，約莫合歡山開始飄雪時，美玲拍攝的紀錄片獲得公共電視的公民新聞獎，那是令人非常感動的時刻。

我帶著孩子北上領獎，窗外豆大的雨滴無情的打下來。孩子，已經習慣大雨的你們，我倒是不擔心，反而讓我放不下心的是，會不會因為得獎，而讓你們失去謙虛的心。

元旦，當世界陷入繁忙與慶賀中，美玲正準備兒童影展的主持工作。三年來，我從與美玲的對話中得知，美玲，你對於華南這趟旅程，有很多的感受，儘管風雨不斷，但我知道你的心正逐漸的堅強，因為你踏過、吹過、淋過、曬過，甚至哭過。

孩子，這是課本得不到的知識，相信未來你在讀書時，一定會記取農場小麥的芒刺；想到合歡登頂痛苦中的歡愉；頂著冽風走讀台灣，更知道三五夥伴一起輕裝去旅行的意義。

孩子，影展為你開展；而你已為影展揭開序幕。

從拍照開始的作文課

有一次，我正苦惱一件事，終日愁眉不展。隔天，竟收到曉晴寫的一封信，她在信裡，鼓勵我要轉換心情……

我當學生時最討厭的就是作文課，偏偏求學階段就是擺脫不了作文。好不容易畢業，結果又踏入教作文這行業，因此找出生動活潑的寫作方式，讓學生喜歡作文，是我當老師以來最想做的一件事。

然而現實是殘酷的，學校的老師對於作文並沒有太多的想像，包含我在內，都將作文視為畏途。

幾年前，華南開始發展本位課程，老師在語文課時，讓學生寫以咖啡為主題的作文。老師認真地將作文的格式說給孩子聽，包含起、承、轉、合。

我願意陪孩子完成這篇作文

一個四年級的孩子，下課了，卻皺著眉頭，站在教室外，看起來似乎不太開心。

「怎麼了？你看起來無精打采的。」我輕聲問孩子。

「沒有啦！」孩子若有所思。

「沒有就好，平常下課你不是都會和同學打打鬧鬧，怎麼今天特別安靜？」

「唉！上一堂課是作文課，所以大家都還在寫作文。」孩子回答。

「哦，那你寫完了？」我關心的問。

孩子似乎不太想理我，但是欲言又止。

「你好像有困難？要不要我幫忙？」我笑笑的追問。

孩子抬起頭來看我一眼，又轉頭過去。

「你作文寫了多少？」我直截了當的問他。

孩子的眼眶似乎含了淚水，搖搖頭，表示他不想再說。我不勉強他，拍拍他的肩膀。

原來，這孩子這學期以來，一直無法完成老師出的作文題目，常常草草了事，從來也得不到老師好的評語。

後來，在老師一再要求下，孩子卻開始排斥寫作文。結果在上一堂的作文課裡，孩子一個字也沒寫出來。

我找了老師討論這件事，我請老師多給孩子一段時間。我還告訴老師，我願意陪孩子完成這篇作文。

只要你有興趣，隨時都可以按下快門

我和孩子相約，利用假日，準備進行一趟咖啡之旅。我拿了一台相機，交給孩子，並帶孩子去拜訪、參觀咖啡的相關行業。

從咖啡園裡，孩子最有興趣的咖啡樹開始拍起。孩子穿過及膝的草叢，忍受臉頰被咖啡枝條拍打的疼痛，對著鮮紅的咖啡豆按下快門，同時頂著毒辣的豔陽，來回在濕熱的咖啡園裡穿梭，不但俯身感受地上蒸騰的熱氣，還側拍三合院曝曬的咖啡豆。

我告訴孩子：「只要你有興趣，隨時都可以按下快門。」

當孩子一路拍進咖啡廳時，我拜託老闆煮一壺咖啡。老闆俐落的身手，專注的眼神，將翻騰滾燙的咖啡，倒進兩個杯子，我將另一杯咖啡遞給孩子。

孩子看著眼前的咖啡似乎不知所措，也覺得不可思議。

我請他拿起杯子，放鬆心情的聞一聞味道，同時啜飲一口看看。

孩子喝了一口，皺起眉頭，大聲說：「哇！好苦，真難喝！」

請孩子用文字，說明每張照片對他的「意義」

是時候了，已經忙了整個上午的我們，就近找個位子，並將照片傳輸到電腦中，我開始請孩子重新回憶今天的行程。

孩子看著一張張的照片，似乎若有所感。

我請孩子用最簡單的文字，去口頭說明每一張照片對他的「意義」。「意義」說完後，我請孩子再講一遍，這一次，要加上「形容詞」，以及，最重要且關鍵的，他要將「自己的感受」帶入說明裡。

孩子起初有點生澀，後來熟練了起來，慢慢地，經過鼓勵，他對自己所拍的照片，有了更多的詮釋。

不過，最困難的是，將照片分類，並串成一個故事，同時還要可以呼應自己的心情。

孩子先從心情開始，他的心裡有期待、興奮、厭惡、轉折、懷疑、感悟等等複雜又不同的感覺……於是，孩子對於照片的分類有了想法，而我的陪伴也開始讓孩子將文字灑落。

回到學校以後，孩子交出一篇自己頗為滿意的作文。

一星期後，孩子卻帶著興奮的表情，以及幾分的不開心來找我。

原來老師給的評語很高，但後面加上一句：「如果以前也夠認真的寫作，相信現在一定會更好。」

我拍拍孩子的肩膀，告訴他，這也是一種老師對你的勉勵啊！最重要的是，寫作文一點都不難，是吧！

沒有真實情境，孩子怎會有刻骨銘心的感受？

寫作，為什麼不能夠生動有趣？這一直是我的疑問。

孩子從一年級進入學校，從基礎的詞語造句到二年級圖文練習、三年級段落寫作、四年級文體認識、五六年級的文體寫作，哪一堂作文課是會讓孩子喜歡的？沒有真實情境，孩子怎麼會有刻骨銘心的感受？沒有真實體驗炙熱的法國太陽，梵谷怎能畫出享譽古今的向日葵名作？**除非歷經蒐集、閱讀、觀察、分析、體驗、探索，以及行動，否則孩子無法成就一篇完整的生命故事**。

另外，我也從這個孩子身上有了另一層感悟。

我開始試著讓孩子去做田野調查，從訪談、記錄的過程裡，去抓取每一份令人深刻的畫面，讓孩子學習從攝影與拍紀錄片的過程去「說故事」。

華南因此找了好多導演、記者與攝影師，來幫孩子上課。我們嘗試各種可能性，試圖讓孩子有更敏銳的觀察力，並重新詮釋與組織觀察的結果。

拍攝不是讓孩子成為導演，而是幫孩子愛上寫作

曉晴讀中年級時，在班上並不突出，有時很被動，也常常和同學相處不愉快，更進一步說，她缺少自信，同時不容易表達自己的想法。

有一年，她參加學校的紀錄片課程。她發現拍片很有趣，於是開始和同學組隊，想拍一部紀錄片。

找尋主題是非常困難的一件事，如同寫作一樣，落筆之前，要能找到想要表達的想法，所以上課的老師，會希望孩子能夠從自己的生活裡面去找主題，同時也希望孩子能拍攝到主題的各個面向。

在題目出現後，接著就可以發展故事的架構。不過，架構要能夠開展，孩子必須蒐集與閱讀資料。

孩子拍紀錄片，是一個非常漫長的過程。因為孩子拍攝時，會忍不住就玩起來，與大人講求的效率背道而馳，因此，在過程裡，必須有老師引導。

曉晴的紀錄片辛苦拍了三個月，他們在這三個月不斷訪談、聆聽，但影片的整理才更考驗孩子的建檔和分類能力。

曉晴一開始有點迷迷糊糊，加上同年級都是生手，他們遇上的最大困難就是沒有經驗，不像六年級的學長姐，知道每個步驟的關鍵點，因此駕輕就熟。

曉晴因為工作的分配，已經和同學處得不太愉快，又因為同學無法達到她要求的進度，整個拍攝進度落後，尤其越到交作品的期限，更讓曉晴焦躁不安。最後只好每個拍攝的畫面，都是曉晴帶著同學一起完成。

我在旁邊看著想笑，但是如何協調夥伴，一起完成工作，這也是孩子必須經歷的過程。

當曉晴開始將影片按照之前寫的腳本編輯，卻發現不太順，但因為紀錄片不是劇情片，無法杜撰，只好又回頭更改原有的腳本，慢慢地，故事才終於逐步開展。

當作品完成時，其實是孩子最喜悅的時候。一方面期待作品受到肯定，一方面又怕老師說：「拍得不好，再重來一遍。」

一個好的老師要能夠站在孩子的思考點去協助故事的完成，哪怕是作品深度不夠，或是故事敘說不足，這都沒關係，因為拍攝過程不是要讓孩子成為一個專業導演，而是協助孩子喜歡寫作，喜歡寫出自己的生活點滴。

獲獎紀錄片帶來的最重要價值

我們沒想到的是，曉晴的紀錄片完成後，竟獲得神腦基金會原鄉踏查國小組獎

項，但我高興的不是得獎，而是我從曉晴的學習歷程，看到她的成長：細心敏銳的觀察力，加上一顆體諒別人的心，是這部紀錄片帶來的最重要的價值。

記得有一次，我正苦惱一件事，終日愁眉不展。隔天，竟收到曉晴寫的一封信，她在信裡，鼓勵我要轉換心情……沒想到，在我們手裡呵護的孩子，有一天，已經長大成熟到可以回頭鼓勵我們大人。看著信，我好感動。

孩子，謝謝你們，當我看到你們拿著攝影機，去記錄家鄉的每一件事，我心裡無比高興。高興社區有你們的身影，高興你們用喜悅的心去敘說故事。

自然中的孩子

獨自面對急流，孩子馬上一個一個地被沖到下方，被老師以及年長的高中生一個一個拉起來。

孩子很快地明瞭，沒有團隊合作，很難完成這件事。

孩子去參加新竹光武國中的溯溪課程，早已是兩年前的事，但孩子們回來後，一直念念不忘當初在新竹縣尖石鄉泰崗溪溯溪時，帶給他們的愉悅、震撼與感動。剛好這次我又受光武林主任的邀約，於是再度夥同孩子一起前往。

孩子們上了車，在開往新竹的路上，滔滔不絕的述說當初去參加光武國中溯溪課的每一個畫面，彷彿他們昨日才回來。顯然孩子深刻的記憶與驚喜，遠遠超出大人們的想像，大人總想像那裡是窮山、惡水，以及非常危險。

華南國小從護溪開始，逐步發展成社區的溯溪體驗活動。當然孩子也常常到溪裡去體驗，然而尖石鄉的泰崗溪顯然和社區的蝌角溪有很大的差異，水量豐沛，河道寬廣。孩子下到溪裡，自然會有不一樣的感受。

這次我帶著小新、詩情、曉婷三人一起前往。小新活潑、體力好，但就是因為這種個性，所以登山也好，溯溪也好，往往耐不住性子，一股腦往前衝。詩情生性較怯懦，也比較嬌柔，對於團隊進行的事務，往往欠缺一股熱忱，曉婷則是非常熱情，但欠缺自信。因此，在學校登山課程前夕，我帶領這三位幹部移地訓練，培養她們的團隊領導力，其實這也是我的策略之一。

車子彎進橫山，朝向司馬庫斯前進。沿路彎彎曲曲，孩子卻仍對沿途的景色有印象。約莫三個鐘頭，終於到了秀巒，一個聽起來秀氣的聚落。

光武國中已經整隊集合，我們三個孩子換好裝備，在林主任安排下，加入小隊。

溪水滔滔，看起來洶湧卻不嚇人，這是雨季來臨前的最後一次溯溪活動。由於昨日的雨勢，使得溪水加大許多，但氣溫卻陡降至十度。看著溪水，我忍不住打個寒顫。一向怕冷的我，今天有得受了。

孩子們跟隨國中小隊長，魚貫進入溪岸。今天要進行的訓練是，如何團隊過河，以及在溪流中自救與脫離漩渦。

以禁止作為避免危險的方式，是錯誤的

台灣的教育，不管是課本所載，或是課堂所教，都一致在強調如何預防危險的發生。沒錯，避免危險應該是學校嚴謹的要求，也是當我們在戶外學習時，每個人都有的共識，但是我們的做法，卻和歐美國家有著天壤之別。

美國的家長鼓勵孩子冒險，去參與各種挑戰型的戶外活動，歐洲國家的父母更是鼓勵孩子在上大學之前，有著自主旅行的獨立與勇氣，但台灣卻以禁止作為避免風險的唯一方式，就像台灣每年侵襲的颱風與經常性的地震，如果不去適應它，只把它們當作是一種災難，那台灣人將永遠學不會在這塊土地的生存能力。同樣的，**要讓孩子避免危險，更需要讓孩子走進去，讓孩子從中學習如何判斷、適應以及萬一陷入危險時，如何自救與脫困的方法，這種思維，才是一種生活能力、一種勇於面對問題的教育方式**。

沒有團隊合作，很難完成

隊伍已在溪旁集合完畢，孩子在老師引導下，選擇一段河域開始教學。迎面而

來的急流，孩子們必須互助合作的走到對岸。

當小隊長帶頭下到水中，隊員必須一個接著一個地握住前面隊員的救生衣。隊伍維持一條人龍，筆直地迎向急流。後面的隊員，必須協助前面隊員頂住水流的沖擊，也唯有如此，才能成功地走向對岸。

但是，成員未必能夠這麼團結，往往走不到一半，隊伍旋即潰散。獨自面對急流，孩子馬上一個一個地被沖到下方，被老師以及年長的高中生一個一個拉起來。

孩子很快地明瞭，沒有團隊合作，很難完成這件事。

如何讓孩子不畏懼溪水？

接下來，孩子開始接受震撼訓練。他們一個一個被放進溪流漂浮，在救生衣的承載下，孩子被沖到下方處。

在冰冷的溪水中，孩子要保持仰躺的姿勢，同時在合適的地方，要能夠站起來，這就是讓孩子適應溪流、讓孩子不畏懼溪水的訓練方式。

果然，不到半小時，孩子已經可以在溪水中露出笑容，並且自在的在水裡漂浮。記得我國小時，常常跑到水塘游泳，由於土法煉鋼，自己也練就一副不怕水的特性，但因為沒有好的老師和教練引導，只是同學互相模仿練習，相對地，危險也就增加。台灣推動游泳教學，孩子學了半天，大部分的孩子還是學不會游泳，主要的原因，就是無法放鬆的在水裡活動，甚至把下水當作令人恐懼的事。

遇上漩渦的正確脫困方式

孩子一旦熟悉了水性，儘管詩情和曉婷兩位不會游泳的旱鴨子，也能夠盡情的在水裡嬉戲。當然課程不是只學會漂浮，面對溪流潛藏的各種危

險，孩子還要有脫困的方法，其中最重要的就是漩渦。

一般人遇到漩渦，往往會緊張地想站起來，殊不知一起身，身體反而會往下沉。因此，正確的脫困方式是讓身體保持仰躺的姿勢，然後在迴轉中，等另外一波水流來，人往往就會被帶離，也因此能脫困，這也是這次訓練的重點。

當孩子被捲入漩渦，雖然都穿著救生衣，身體不至於會下沉，但還是有幾個孩子會不由自主地想站起來，其實，只要站起來就算是失敗。

我看著小新、詩情和曉婷，她們三個人都勇敢的嘗試，也都順利地脫身，而小新更是練習超過二十遍。她自在、輕鬆，簡直都把滑水道當作是遊戲場了。我想，這就是最好的訓練成果。

詩情笑笑地對小新說：「我覺得我不怕水了耶！」

「可是水流很大，我那組就被沖散過一次。」小新說。

「你們沒有合作啊！當然會被沖散！」詩情不掩驕傲的語氣。

「是啊，我很用力地推著前面的人，讓他替我擋前面的水流。」曉婷也說。

「嗯，還好我會游泳……」小新有點尷尬。

我聽得出來，小新的說辭，是在為他們缺少團隊合作開脫的一種藉口，不過我相信她也明瞭，沒有合作，將無法共同完成一件事，我想這是最寶貴的。

孩子們就在光武大孩子的幫忙下，完成一堂團隊合作與適應環境的寶貴課程。

熱情不會來自教室，它要孩子們用沾滿泥巴的雙手，從大地中捧出來

到了下午，氣溫再度下降，雨勢也加大，我們決定結束溯溪體驗活動，轉而讓孩子為這條溪流盡一點心力。

在大家通力合作下，孩子開始撿拾溪床的垃圾，孩子也從體驗者轉為溪流的維護者。沒有人會站在旁邊觀看，也沒有人會露出厭惡的表情，因為，在清澈的溪水中，孩子的心已被洗滌乾淨。

我不再失望，實際上，還看到有希望的未來。

當我從事自然資源保護與環境保護組織時，已經察覺孩子們與自然的脫節，甚至了解大自然缺失症狀帶給社會很大的威脅。因此，我夥同幾個組織正在積極串聯政府，讓孩子能與自然再度重逢。

雖然自然知識很重要，但熱情才是讓孩子們長期奮鬥的動能。熱情才能激勵我們保護自然資產，讓孩子重新關注我們的土地和文化。

但熱情不會來自教室和影帶、光碟，它要孩子們用沾滿泥巴的雙手，從大地中捧出來；它是一次次被河水沖擊，沿著呼吸，沁入溫暖的心裡。**如果，我們要拯救台灣到處被破壞的土地，那就必須先拯救瀕臨絕種的指標物種：自然中的孩子**。

孩子與自然的重逢

小新可以為了古道被開發，發出不平之鳴，也可以為環境議題，走上街頭抗議。

孩子主動要求為學弟妹上自然課

在檳榔林中建樹屋、夏日到小溪戲水、上山採野果、夜晚觀察青蛙、到農場割小麥、在大樹上學鳥叫……充滿書卷氣息的小新，從自然中發現迷人的樂趣。於是，她在學校的山野教育課程中，主動要求，想替學弟妹上一堂介紹高山植物的課。

學校發展山野課程，從早期老師親自上每一堂課，到後來逐步地將課程轉移給經驗豐富的小老師，再由即將畢業的學長姐，移交給學弟妹。

沒有人強迫孩子擔任這些工作，但很顯然的是，大自然對於孩子，有著強大、無法抗拒的吸引力。

小新是國小三年級時從都市轉來的學生，活潑、開朗，又喜歡閱讀的個性，照理講，應該很適應，也會喜歡都市裡的學校。但沒想到小新一來華南，就愛上華南了。

溯溪帶來的多重感官體驗

現代生活限制我們的感官，大部分轉學到華南的孩子也都有這些問題。因為孩子的關注點集中在視覺，跳脫不了電腦或電視，但人在發展過程中應該要應用所有的感官。感官的發展是孩子心理技能建構的基礎，而自然的直接經驗，可以讓孩子在心理發展中灌輸本能的自信。

小新轉學到華南後，接觸的第一個活動是溯溪。夏日連續幾日的大雨，讓溪水比平常澎湃許多，對於這條社區的初級河流，有雨水才能顯得出溯溪的情境。

華南這幾年積極發展戶外學習活動，溯溪就是其中一種。孩子對於溯溪，普遍感到興奮，但也有部分孩子顯得焦躁，或是害怕。

孩子的懼怕是來自於不習慣多種感官的體驗，而溯溪就是要讓孩子體驗「控制中的冒險」，這是華南多種感官體驗的活動之一。

小新第一次溯溪時，全程都是處於亢奮的狀態。因為她從來沒有這樣的經驗，尤其在溯溪而上時，必須極度的將身體感官功能釋放，不僅要眼觀四方，更要全神緊繃的注意逆流而上的每一步，並讓溪水沖擊身體的每一寸孔竅。這種全新的體驗，是她愛上華南的主要原因。

沒想到，夜晚的課程，讓小新與自然的關係連結得更深。

那是三月漸暖的夜裡。我們來到一片水池旁，水池大多已乾涸，還好清晨的一陣大雨，讓它重回生機。

在眾聲紛擾中，我要孩子靜下心來仔細聆聽周遭的聲響，這宛如是一場森林演奏會，面天樹蛙猶如長笛般輕快的遊走，虎皮蛙正是大提琴間奏著低沉的協奏曲，白頷樹蛙敲打著木魚唱和之。在暗夜寂寥的森林中，傳述著學習的序曲，或平順、或困頓、或高亢、或低吟。

我帶領孩子在步道觀察與解說，孩子必須用聽覺凝聽辨別青蛙的位置。小新緊依著我，彷彿我是她唯一的安全依靠。突然，一條龜殼花滑過眼前，眾人大叫。

恐懼加上興奮的感受，使孩子對自然充滿了好奇心。

「好好玩哦！」小新興奮地說。

「你覺得夜晚給你什麼感受？」我開口。

「很刺激，有點恐怖。」小新說。

「哦！為什麼會恐怖？」我好奇的問她。

「嗯，因為我看不到。」小新沉思後說道。

對於小新的回答，讓我開始重新思考孩子與自然的關係。原來，孩子和自然之間已經失落很久了。我希望孩子與自然可以重修舊好，孩子能重回自然的懷抱。在學校，這是一件重要的工作（註一），而我是引導者的角色。

於是，我帶著孩子去爬山、溯溪、環島、自然體驗。我們躺在三千公尺的高山箭竹林中，靜靜看著雲層的變化。我們採集一些野外的漿果，嘗一嘗果實的苦澀與酸甜味道。有時我們換上防寒衣，悄悄的潛入滿布珊瑚的海裡，找尋珊瑚礁裡海蛇的蹤跡。

為環境議題，走上街頭抗議

小新在參與的過程中，開始會把漿果加入吐司內，有時會摘取一些含有清涼味道的果實給同學淺嘗，甚至爬上十幾公尺高的樹上，學學鳥叫。

小新可以為了古道被開發，發出不平之鳴，也可以為環境議題，走上街頭抗議。這些看似荒誕、沒有意義的學習，逐漸在小新高年級時展現成果。她也從以前只要在外過夜，就必然想家飲泣的小女生，逐步轉變成一位成熟的學姐。

在一次高山規劃會議裡，我找了幾位六年級的孩子到校長室。

「我想在下一次的登山課程中，請你們來規劃課程，可以嗎？」我大膽提出想法。

「我也跟老師們討論好了，有些課程我們會教你們，有些你們已經會的，就讓你們整理一下資料來跟學弟妹報告。」

「那我們要做些什麼事？」小新問。

「你們覺得合歡山訓練課程，要規劃哪些內容？」我反問孩子。

在一陣靜默後，小新首先開口：「我可以幫其他人上高山植物的介紹。」

有了小新的發難，孩子們開始進一步提出看法。

「要先把同學分組，選出隊長。」小新以她的經驗，提出建議。

「很好啊！這是好的做法。」吳老師很高興的附和。

「隊長要帶領同組的同學做自主訓練。」世哲接下去補充。

「還有背包的整理、帳篷的搭建、高山症的預防……」慧琳彎著手指，一項一項提出意見。

「我覺得合歡山的概述一定要上。」世哲笑笑地說。

就在大家的踴躍討論中，一份登山計畫幾乎成形了。

放手讓孩子嘗試錯誤，培養孩子獨立自主的能力

小新跟其他人討論後，初步由她擔任大隊長，世哲和慧琳擔任中隊長，並規劃隨隊解說員。當然也挑選幾位他們認為各方面不錯的五年級學生，擔任各隊的小隊長，並安排幾位六年級同班同學擔任副隊長，以協助隊長的領導。

過了一星期，小新已經把簡報檔做出來了，每一張投影片，都是小新長期在山上觀察與拍攝而來，而各隊的隊長，也開始讓一到六年級的同學進行自主訓練。雖然訓練過程有時會有些意見不合或爭執，但我相信嚮往自然、走向自然的動力，會使各種問題迎刃而解，孩子們也能從中學到解決問題的方法。

放手讓孩子嘗試錯誤，是培養孩子擁有獨立自主能力的方法。**長期接近自然，**

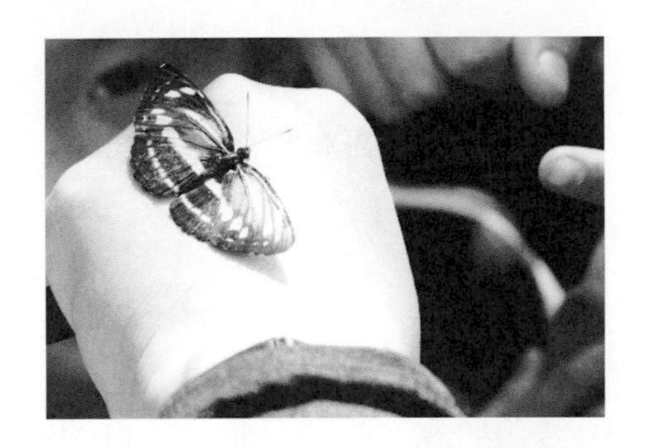

愛

能孕育孩子燃燒的興趣與熱情，有了動能，孩子才能不斷的自我成長。

大自然帶給我驚喜；然而孩子在登山後給我的一段話，卻讓我久久怦然不已。

「每一次對我來說都是新的驚喜。
我發現自己原先已經忘了鳥聲，
當我再度聽聞，
重新看到金翼白眉（註二）的身影，
驀然發現，
自然已經在我內心著生。」

註一：國內外已經有非常多的理論與實務經驗，如美國達拉斯霍齊斯基小學，以環境為學習主軸的課程，考試通過率比傳統班級的學生高出百分之十三。美國研究中心一份報告指出，以兩百五十位高危險群的孩子有上戶外課和沒上戶外課的比較，上戶外課的學生科學掌握力提高百分之二十七，合作能力、學習動機、行為偏差等，皆有顯著的改善，而芬蘭倡導環境教育與自然教育，協助芬蘭的孩子在閱讀與科學數理能力更在全球名列前茅。

註二：是台灣特有種的鳥類，主要分布在高山地區。

華南國小的孩子與社區舉辦惜山祭，一起保護環境。

【後記】再往山裡走

對於華南的山居歲月，隨著中庭樟樹的成長卓立，內心的情感也越往下著生。

一年前，基於夥伴學校——樟湖國小的重建與再生，在縣府的建議下，我毅然而然地接下重建的工作。

樟湖在莫拉克風災時受創，當時評估必須異地重建。所幸在各界的幫忙與張榮發基金會的援建下，樟湖國小不僅重新站起來，還更上一層樓的成立全台第一所生態中小學。

每天從華南開車往樟湖跑，十七公里的山路，本來筆直的教育工作，開始又蜿蜒曲折起來。我從來也沒有想過，人生在這十年內會有這麼大的轉變。

這一年來，我看到一棟棟的建築逐漸成形，內心也開始澎湃喜悅。每每坐在附近山頭，俯視新校區及遙遠的濁水溪。想起這二十年來穿梭在台灣每個角落，撫摸創傷的大地，感於環境生命的危脆，竟然有點不捨的滴下眼淚。

收起心情，迎接新生命的到來，想著大尖山嫣紅燦麗的容顏；一淌嵙角的清新溪水，在烏雲逐日，雨隨夏來的時節，我終於清楚樟湖中小學未來的任務。於是提筆疾振，完成設校計畫書，並在縣府的考量下，以樟湖生態中小學成為重建的新校名。

生態學校的設立，開創台灣的新紀元。然而當前教育在制約與自由中擺盪，制約無法激發孩子的興趣，也難達成適性化教學。而對於自由的發展，眾人卻有一股擔憂的疑慮。因此，以自主作為教育的基石，才能在擺盪中有一股安定的力量以及清晰的藍圖。

自主能力的培養與知識邏輯的建構，是當前教育最重要的方向。一般學校重視知識的獲取，卻忽略自主能力的建構培養。也因此，學校除了課程邏輯性的教授外，也著重孩子的自主性培養，因此參考國內體制外和體制內學校的特點，以自發、互動、共好作為學校核心價值。

也許，你我都曾在大自然中逗留；也許對於自然種種的神奇與邂逅將會轉為一種領悟，而我與孩子的互動，也將幻化成飽滿的收穫。而身處自然中的樟湖中小學，更要引領孩子走向自然，重補孩子與自然的關係。因此，對於孩子們，我們採取榮譽認證：

期待孩子國中畢業前，我們一起做到以下的事：

爬過台灣五座百岳，引領出孩子的高度與視野，培養孩子具有小組合作與帶隊的能力；

要認識三百至五百種物種，作為小論文及解說能力的基礎；

每學期要閱讀自然文學，以強化寫作及思考能力；

要研究兩種環境議題，培養接近土地的公民意識及情操；

要自主服務旅行，淬鍊孩子成熟的心智，培養挫折容忍度；

要透過原鄉踏查和社區產生連結。

經過淬煉的小新今年剛從華南國小畢業，原本有機會到都市私立明星中學就讀，但她卻選擇一條自己的路。在跟父母堅持了幾天，終於一償宿願的可以到樟湖生態中小學就讀，同班超過一半的同學，也不約而同的選擇了這所學校。

或許生命的故事要自己書寫；或許生命的故事要自己創造。然而，琴弦敲奏的生命樂風，將掠過山巔和森林，求得歡樂歌聲，而故事的鋪陳也即將開始。

一雙手都不能放
——力挽狂瀾的陳清圳校長
新書發表會

陳清圳校長

時間：2013年9月24日（二）14：30～16：30
地點：金石堂信義店
地址：台北市信義路2段196號5樓（02-2322-3361）

洽詢電話：**(02)2749-4988**

（免費入場，座位有限）

國家圖書館預行編目資料

一雙手都不能放——力挽狂瀾的陳清圳校長／陳清圳著. --初版. --臺北市：寶瓶文化, 2013. 09
面； 公分. --（catcher；57）
ISBN 978-986-5896-40-9（平裝）

1. 教育 2. 文集

520.7 102016219

catcher 057

一雙手都不能放——力挽狂瀾的陳清圳校長

作者／陳清圳校長
主編／張純玲

發行人／張寶琴
社長兼總編輯／朱亞君
主編／張純玲・簡伊玲
編輯／禹鐘月・賴逸娟
美術主編／林慧雯
校對／張純玲・陳佩伶・吳美滿・陳清圳
企劃副理／蘇靜玲
業務經理／盧金城
財務主任／歐素琪　業務助理／林裕翔
出版者／寶瓶文化事業有限公司
地址／台北市110信義區基隆路一段180號8樓
電話／(02)27494988　傳真／(02)27495072
郵政劃撥／19446403　寶瓶文化事業有限公司
印刷廠／世和印製企業有限公司
總經銷／大和書報圖書股份有限公司　電話／(02)89902588
地址／台北縣五股工業區五工五路2號　傳真／(02)22997900
E-mail／aquarius@udngroup.com

法律顧問／理律法律事務所陳長文律師、蔣大中律師
如有破損或裝訂錯誤，請寄回本公司更換
著作完成日期／二〇一三年七月
初版一刷日期／二〇一三年九月
初版三刷日期／二〇一三年九月十日
ISBN／978-986-5896-40-9
定價／三〇〇元

愛書人卡

感謝您熱心的為我們填寫，
對您的意見，我們會認真的加以參考，
希望寶瓶文化推出的每一本書，都能得到您的肯定與永遠的支持。

系列：catcher 57　**書名：一雙手都不能放——力挽狂瀾的陳清圳校長**

1. 姓名：＿＿＿＿＿＿＿＿　性別：□男　□女
2. 生日：＿＿＿年＿＿＿月＿＿＿日
3. 教育程度：□大學以上　□大學　□專科　□高中、高職　□高中職以下
4. 職業：＿＿＿＿＿＿＿＿
5. 聯絡地址：＿＿＿＿＿＿＿＿＿＿＿＿＿＿＿＿＿＿＿＿
   聯絡電話：＿＿＿＿＿＿＿＿　手機：＿＿＿＿＿＿＿＿
6. E-mail信箱：＿＿＿＿＿＿＿＿＿＿＿＿＿＿
   □同意　□不同意　免費獲得寶瓶文化叢書訊息
7. 購買日期：＿＿＿年＿＿＿月＿＿＿日
8. 您得知本書的管道：□報紙／雜誌　□電視／電台　□親友介紹　□逛書店　□網路　□傳單／海報　□廣告　□其他
9. 您在哪裡買到本書：□書店，店名＿＿＿＿＿＿　□劃撥　□現場活動　□贈書　□網路購書，網站名稱：＿＿＿＿＿＿＿　□其他＿＿＿＿＿＿
10. 對本書的建議：（請填代號　1. 滿意　2. 尚可　3. 再改進，請提供意見）
    內容：＿＿＿＿＿＿＿＿＿＿＿＿
    封面：＿＿＿＿＿＿＿＿＿＿＿＿
    編排：＿＿＿＿＿＿＿＿＿＿＿＿
    其他：＿＿＿＿＿＿＿＿＿＿＿＿
    綜合意見：＿＿＿＿＿＿＿＿＿＿＿＿＿＿＿＿＿＿＿＿＿＿＿＿
11. 希望我們未來出版哪一類的書籍：＿＿＿＿＿＿＿＿＿＿＿＿＿＿

讓文字與書寫的聲音大鳴大放

寶瓶文化事業有限公司

（請沿此虛線剪下）

廣　告　回　函
北區郵政管理局登記
證北台字15345號
免貼郵票

寶瓶文化事業有限公司　收

110台北市信義區基隆路一段180號8樓

8F,180 KEELUNG RD.,SEC.1,

TAIPEI.(110)TAIWAN R.O.C.

（請沿虛線對折後寄回，謝謝）